AF384596

BON DE Nazare-Aga.

Ecole d'Application de l'Artillerie et du Génie.

Cours d'Artillerie.

Service de l'Artillerie dans la défense des Côtes.

Par

Ch. Gautier

Capitaine d'Artillerie, Professeur-Adjoint.

Lithographie de l'Ecole d'Application de l'Artillerie et du Génie.

Avril 1894.

Avertissement.

Les Notes complémentaires placées à
la fin de la Rédaction (page 57) ne seront
pas demandées aux Examens.

Tir de Côte.

Introduction.

Les conditions particulières des Batteries de côte ont été indiquées sommairement l'an dernier dans le Cours de Fortification permanente, 3ᵉ Partie, 8ᵉ Leçon.

On a vu en quoi consistait la défense du littoral, quelle était l'organisation des navires actuels et comment la marine participait à la guerre de côte par sa défense mobile et par les défenses fixes : torpilles, estacades qu'elle entretient à l'entrée des rades et des ports.

Nous ne reviendrons pas sur ces points.

Nous rappellerons que les Batteries établies sur les côtes dont l'occupation est nécessaire se divisent en trois catégories : Batteries de rupture destinées à faire de très-près du tir de plein fouet sur des navires forçant une passe, Batteries de tir vertical destinées à atteindre les navires par leur partie la plus vulnérable : le pont.

Enfin Batteries de combat ou de bombardement destinées au tir ordinaire contre des navires généralement mobiles et éloignés. On doit y ajouter les Batteries de petits calibres fixes ou mobiles. Au point de vue du service, les batteries de côte sont réparties entre la Marine et la Guerre.

La Marine sert les batteries ayant des vues directes sur l'intérieur des passes, des Rades et Ports, ce sont généralement des Batteries de rupture.

La Guerre est chargée des autres, qui sont presque toutes des Batteries de combat ou de bombardement, les batteries de tir vertical n'étant que l'exception [1].

Pour les batteries de bombardement, une grande altitude ne présente guère que des avantages. Elle entraîne seulement la nécessité de flanquer, au moyen de batteries spéciales l'angle mort placé en avant d'elles (déterminé par la portée des pièces pointées sur l'angle minimum que permet l'affût.)

En aucun cas on ne doit composer les Batteries de pièces de calibres différents rendant impossible tout réglage de tir. [2]

---

[1] Beaucoup de batteries de combat sont armées de mortiers faisant le même tir que les canons longs. Les Batteries de tir vertical sont placées en arrière de crête et font du tir indirect.

[2] Voir les Notes I, II, III, IV et V à la fin de la Rédaction.

Chapitre I.

Du tir à la mer.

§. I.er Des conditions particulières de ce tir.

Le tir à la mer présente certaines particularités qu'il convient de mettre en évidence avant de commencer l'étude des instruments et des méthodes qui lui sont propres.

Difficultés.   La principale difficulté de ce tir consiste dans la perpétuelle mobilité du but. Il est en effet de règle en tactique navale qu'un navire qui combat doit toujours marcher; ce n'est en particulier qu'en marchant qu'il peut facilement évoluer, tourner &... De plus ces vitesses de marche sont grandes (14 à 18 nœuds), bien qu'on doive les diminuer beaucoup quand on passe de la marche individuelle d'un navire à celle d'une escadre où des rencontres seraient désastreuses. Enfin ces vitesses diminuent encore en vue des côtes où la navigation est plus difficile surtout en guerre quand les signaux, balises &... sont

4

enlevés ou modifiés.

Enfin le vent souvent considérable au bord de la mer est une cause de perturbations sérieuses dans le tir.

Par contre l'observation des coups est singulièrement facilitée par la vaste gerbe d'eau qui se produit au point de chute et par le manque d'obstacles intermédiaires. Quand on tire d'une batterie haute, les navires et les buts se projettent sur une surface unie où leur position respective est toujours très-facile à reconnaître.

En outre les buts sont généralement de très-grandes dimensions, très-nets et très-visibles.

Quoiqu'il en soit, il faudra tirer vite, et tirer de suite efficacement. A cet effet on devra :

1° Faire des corrections initiales, précises quoique fort simples, pour éviter les premiers tâtonnements du réglage.

2° Mesurer la distance du but (mobile) avant chaque coup de façon à ajouter la variation de la distance aux bonds que le jeu du réglage rend nécessaires.

Toute batterie de côte devra donc avoir un télémètre. Mais au point de vue de cette mesure continuelle de distance, une difficulté se présente.

Soit (fig. 1) A la position du

navire, au moment où la mesure de la distance est trans-
mise au pointeur. A_2 au moment où le pointage est ter-
miné, A_3 au moment où le projectile part, A_4 au moment où il arrive au but.

Les durées correspondantes s'appellent respectivement:
pour $A_1 A_2 = t_1$ temps perdu.

$A_2 A_3 = t_2$ temps mort.

$A_3 A_4 = t_3$ durée du trajet.

Il faut évidemment chercher à les éliminer dans le
tir puisque la distance mesurée est A_1 et que la distance
utile est A_4.

Pour cela supposons que le mouvement du navire
soit uniforme.

La durée du trajet est connue, et peu variable. Elle
est corrigée une fois pour toutes par les corrections initiales.

Le temps mort s'élimine ainsi : Les buts ordinaires
ayant en moyenne 100^m de long et marchant pratiquement à la vitesse de 12 à 13 nœuds feront environ 50^m
soit la moitié de leur longueur en 8 secondes. Si donc
on fait uniformément $t_2 = 8^s$ et si on pointe sur l'avant
du navire le projectile atteindra le centre, comme il
convient.

Il est facile de voir que cette règle sera vraie quelque soit la direction du navire, celui-ci mettant toujours 8^s à parcourir angulairement la moitié de sa
longueur.

On fait pratiquement $t_2 = 8^s$ en faisant commander le feu par le chef de pièce qui, aussitôt le pointage achevé, compte très-haut à l'allure de la seconde : « 1, 2, 3, 4, 5, 6, Pièce, feu. » Pendant ce temps, le pointeur doit s'écarter, emporter ses appareils & .. le pointeur-servant amorce et tire au mot « Feu ».

Reste le « temps perdu ». Celui-là est assez long. On peut et on doit dans le cas ordinaire le rendre constant comme le précédent. L'erreur qui en résulte est également corrigée par les « conditions initiales ». Mais ce qu'il faut chercher avant tout c'est à l'éliminer. Jusqu'ici l'appareil Deport est le seul organe de pointage qui permette cet important résultat.

Nous allons maintenant passer à l'étude des Télémètres, indispensables, comme on vient de le voir, au tir de côte.

§ II — Instruments de mesure des Distances.

Les types de télémètres essayés sont très-nombreux. Tous sont basés sur la résolution d'un triangle dont on connait une base et les 2 angles adjacents. On peut les diviser en 3 catégories :

Télémètres à grande base horizontale. — Dans ces télémètres deux observateurs sont placés en A et B (fig. 2). La distance $AB = D$ est exactement comme. Des instruments faciles à imaginer mesurent α et β.

Fig. 2.

L'opération bien faite donnerait un résultat exact, malheureusement elle est absolument aléatoire pour la raison suivante. Deux observateurs éloignés A et B qui ne communiquent que par téléphone ou télégraphe arrivent difficilement à s'entendre sur le point à viser.

De plus l'aspect du but change en passant de A en B, ce qui rend l'entente plus difficile. Si même il y a plusieurs bâteaux celui qui est à droite pour A n'y est pas pour B, Bref il y a presque toujours erreur sur le point précis et même quelquefois sur le but lui même.

Ce défaut des télémètres à grande base est capital, il les a fait rejeter en principe, malgré l'ingéniosité des appareils proposés. Nous donnons à titre d'exemple Note VI à la fin de la rédaction l'appareil Fiske un des plus ingénieux de ceux basés sur ce principe.

Télémètres à petite base - Télémètre de Lyre.
Ici, nous ne trouvons qu'un seul opérateur, débarrassé par suite de la cause d'erreurs ci-dessous. Mais une difficulté nouvelle se présente. La base du triangle doit être entièrement renfermée dans l'ap-

pareil même et par suite tellement petite que l'angle
au sommet à mesurer est du même ordre de gran-
deur que les erreurs des appareils ordinaires. Aussi
les solutions acceptables sont-elles fort-rares. On donnera comme exemple le télémètre Le Cyre (Ingénieur
constructeur à Paris.) dit à lecture optique qui résout
la question avec une grande élégance, et qui est employé
d'ailleurs avec succès depuis 3 ou 4 ans à Toulon

L'appareil se compose en principe (fig. 3) d'un

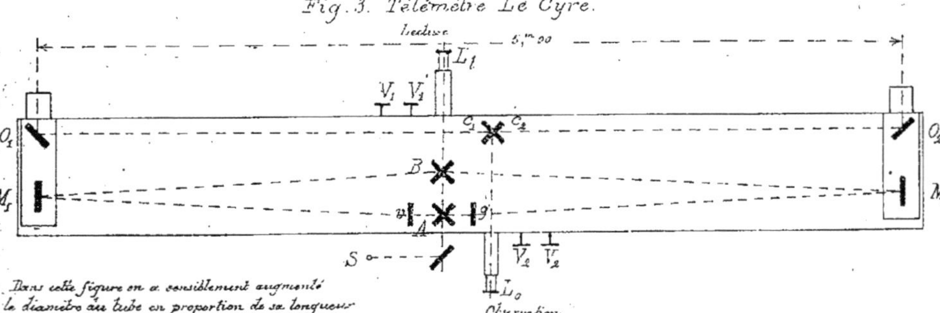

tube long de 5m. 25 environ. Aux extrémités, 2 miroirs dits
d'observation O_1 O_2 à 45° sur l'axe et distants de 5m renvoient
l'image du but sur 2 miroirs croisés à 90° C_1 C_2 et de
là dans une puissante lunette L_0 dite d'observation. Si
l'objet est à l'∞ les 2 images coïncident, sinon elles pa-
raissent distinctes dans la lunette et leur intervalle, fonction de la distance, peut permettre de calculer celle-ci.

Ce schéma fort simple, ne saurait suffire à constituer

tout l'appareil car il suppose entre $O_1 O_2$ et $C_1 C_2$ une solidarité que la grande dimension de l'appareil ne peut pas assurer. On élimine cette source d'erreurs (due par exemple aux déformations du tube) par le mode de lecture suivant : En arrière de O_1 et de O_2 sont 2 autres miroirs M_1 et M_2 dits miroirs extrêmes de lecture et parallèles entre eux. Dans chaque groupe, O_1 et M_1 d'une part O_2 et M_2 de l'autre sont fixés sur un même bloc et par suite invariablement liés entre eux. Chacun de ces blocs peut recevoir de petits déplacements horizontaux et verticaux au moyen de vis de rappel $V_1 V_1' V_2 V_2'$ dont la figure indique la position. A gauche de L_0 deux nouveaux groupes A et B de miroirs croisés aussi à 90° sont placés comme l'indique la figure sur un bloc central portant déjà le groupe $C_1 C_2$. Un rayon lumineux venant d'une source quelconque S vient après réflexion frapper d'abord le groupe A où il se divise en deux, puis les miroirs de lecture M_1 et M_2 puis revient rencontrer le groupe B et se dirige de là vers une 2ᵉ lunette L_1 semblable à la première et dite "lunette de lecture". Ce rayon sert à éclairer deux verres placés de part et d'autre de A, et portant, l'un q une graduation, l'autre v un vernier. L'appareil est construit de telle sorte, que les images des zéros de ces deux graduations coïncident dans la lunette de lecture quand les 2 miroirs M_1 et M_2 sont parallèles. Faisons tourner le groupe $O_2 M_2$ de la demi-parallaxe du but pour amener la coïncidence des deux images dans L_0, le 0 du vernier se déplacera dans L_2, d'un nombre de divisions facile à calculer et qui mesurera cette parallaxe. Or ce résultat est évidemment indépendant des positions relatives initiales des groupes extrêmes. Car quoiqu'on fasse et quelles que soient les déformations (supposées très-petites) du tube, la division lue sur le vernier mesure toujours exactement l'angle que font entre eux M_1 et M_2 et par suite la ½ parallaxe du but, puisque si on ramenait le vernier au 0 on aurait rétabli le parallélisme de M_1 et M_2.

Tout ceci suppose naturellement que dans chaque groupe les miroirs sont bien solidaires.

En pratique l'usage de l'appareil est le suivant : L'observateur, en L_0, déplace grossièrement tout l'appareil pour mettre les images au centre de la lunette ; pendant ce temps un « assistant » placé en L_2 le dos au but, amène l'image du vernier au milieu de sa lunette en agissant sur les vis $V_1 V_1'$. L'observateur L_0 amène exactement la superposition des deux images du but au moyen des vis $V_2 V_2'$. L'assistant n'a qu'à lire sur le vernier la distance cherchée.

Télémètres à base verticale. Télémètre Audouard.

Ici la base n'est autre que l'altitude h (fig. 4) de l'appareil au-dessus du niveau de la mer, et le triangle de visée est vertical. Cette solution est

Fig. 4

de beaucoup la meilleure, car elle réunit l'avantage d'être à grande base à celui de ne demander qu'un seul opérateur en C, l'angle A étant droit. Malheureusement elle n'est pas toujours possible.(1)

Nous donnerons comme exemple le Télémètre Audouard.

---

(1). Il convient, avant de commencer l'étude des appareils basés sur l'altitude, de préciser ce qu'on doit prendre comme mesure vraie de cet élément.

Les cartes donnent l'altitude h au-dessus du niveau de la mer (fig 5). Soit B un but à la distance D. Dans tous les calculs on appelle altitude la hauteur AC du triangle rectangle ACB : Or

$$AC = h + TC$$

En appelant R le rayon de la terre, la figure donne :

$$\overline{TB}^2 = D^2 = TC \cdot 2R \text{ ou } TC = \frac{D^2}{2R}$$

Fig. 5.

Il faut donc majorer h de cette quantité due à la sphéricité de la terre. En outre la réfraction a pour effet de relever les objets au-dessus de l'horizon. B paraît relevé en B' d'une quantité angulaire qui pour des conditions atmosphériques moyennes et des visées horizontales est : $\alpha = 0,08\,\omega$ (ω angle au centre).

Or $BB' = D\alpha$ et comme $\alpha = 0,08\,\omega$ et $\omega = \frac{D}{R}$ on a $BB' = 0,08\,\frac{D^2}{R}$.

Il faut donc diminuer h de cette nouvelle quantité, tout se passant comme s'il était en A'.

En définitive la correction sur l'altitude h est $\frac{D^2}{2R} - 0,08\,\frac{D^2}{R} = +\frac{D^2}{15.000.000}$ (en remplaçant R par sa valeur en mètres). Dans tout ce qui suivra l'altitude à employer sera donc toujours, en appelant h la hauteur topographique :

$$h + \frac{D^2}{15.000.000}.$$

Cet appareil réglementaire dans la Marine suédoise, donne la distance à chaque instant par un tracé graphique. Il comprend une lunette se mouvant au-dessus d'une planchette représentant la mer à une échelle $\frac{1}{N}$ donnée fig. 6.

Fig. 6. Télémètre Audouard.

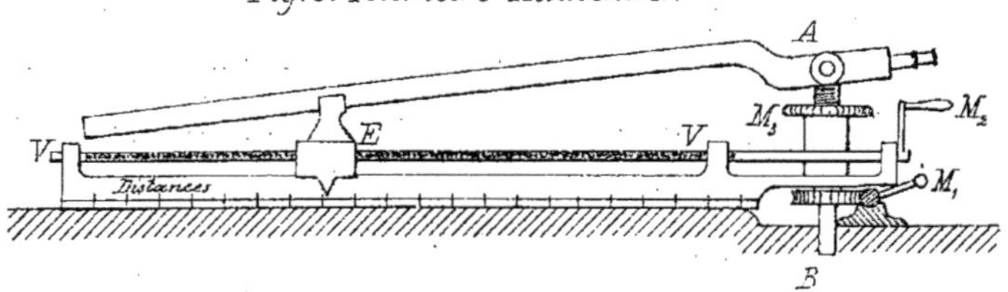

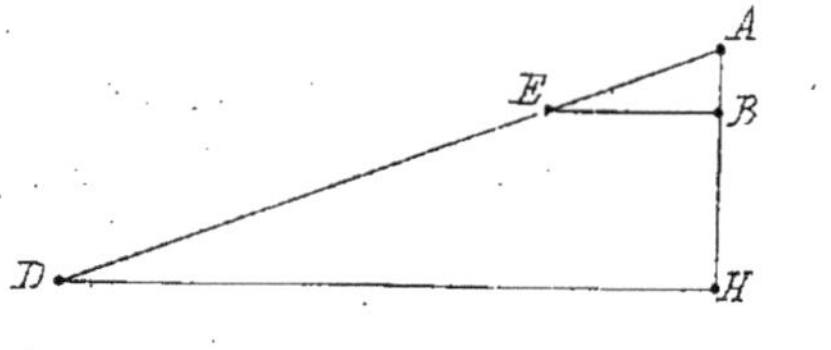

La lunette est mobile 1° autour d'un axe vertical AB au moyen d'une manivelle M_1. 2° autour d'un axe horizontal projeté en A, au moyen d'une manivelle M_2 qui commande une vis V et un écrou E dont le déplacement abaisse ou élève l'avant de la lunette. Un style placé sur l'écrou B marque à chaque instant sur la planchette la position du bateau.

L'appareil réalise ainsi un triangle semblable au triangle vertical de visée. On a :

$$\frac{AB}{AH} = \frac{EB}{DH} = \frac{1}{N} \quad \text{échelle du dessin.}$$

Si le rapport $\frac{AB}{AH}$ était constant l'appareil serait par construction réglé une fois pour toutes pour une altitude donnée. En réalité, ce rapport change à cause du phénomène de la marée, et par suite aussi l'échelle $\frac{1}{N}$. Pour éviter cette variation, l'appareil permet de déplacer verticalement A au moyen d'une petite manivelle M_3. On peut alors agir sur AB de façon à ramener le rapport $\frac{AB}{AH} = \frac{1}{N}$ à sa valeur normale.

Pour cela on dirige la lunette vers un repère sur l'eau, dont on connait la distance. On déplace au moyen de M_2 le style jusqu'à ce que cette distance soit marquée sur la carte par le style, puis on tourne M_3 jusqu'à ce que l'axe optique rencontre le repère.

L'appareil Audouard peut permettre de suivre un navire en marche. C'est donc un "traceur de route". — L'appareil Fiske peut être aussi organisé comme "traceur de route". On peut ainsi par continuité apprécier la position d'un navire peu après l'observation.

L'appareil Audouard est un excellent appareil. La marine l'emploie pour les batteries hautes et aussi pour les Batteries basses adossées à des hauteurs sur lesquelles on place l'appareil. La distance est envoyée par signaux ou par fils.

Lunette de Côte.   La lunette de côte est analogue aux lunettes de Batteries de terre, mais elle est organisée de façon à servir de télémètre, c'est même le seul télémètre aujourd'hui réglementaire dans les batteries de côte du service de la Guerre.

Elle est supportée sur un pied très massif et très solide en fonte, sur lequel elle peut prendre des déplacements ver-

14

ticaux et horizontaux. Le support est muni d'un niveau à bulle d'air avec vis de rappel servant à repérer l'inclinaison de la lunette. La lunette à un grossissement linéaire de 25, et un champ de $\frac{1}{50}$, elle porte un réticule divisé de 0 à 100; chaque division sous-tendant un angle de $\frac{1}{5000}$, le 0 à la partie inférieure.

Voici les principaux usages de cet instrument.

1° Mesure des distances par la dépression.

La lunette pourrait servir à résoudre le triangle de visée vertical CAB de (la fig. 4) en donnant l'angle de dépression α. Mais souvent cet angle serait trop grand et sortirait des limites de la lunette, on aime mieux mesurer l'angle B dit "dépression à l'horizon" (fig. 7) (ne pas confondre la ligne d'horizon avec l'horizontale) ce qui est toujours possible si l'horizon est visible. Des tables à double entrée, faciles à établir par la comparaison des triangles LBV_1 et LTV_2, donnent (fig. 8) la distance D en fonction de h et de β.

Si l'horizon est visible par intermittences, (brouillard, fumée, &c...) on dirige sur lui une division fixe du mi-

Fig. 7.

Fig. 8.

Altitudes.

N	5	6	7	8	9	10	11	12	13
0	D_1	D_1'	D_1''	D_1'''					
1	D_2	D_2'	D_2''						
2	D_3	D_3'							
3	D_4								
4									
5									
6									
7									
8									
9									

Divisions du Micromètre.

cromètre (1) quand on le voit et au moyen de la vis de rappel du niveau on amène la bulle du niveau entre ses repères. Quand l'horizon aura disparu il suffira de déplacer la lunette de façon à amener la bulle entre ses repères et de lire la division correspondant à la flottaison du but pour avoir β.

Si, dans aucun cas l'horizon n'est visible on oriente la lunette au moyen d'un repère de distance D connu. Pour cela : entrer dans la table ci-dessus par D et h on trouve β ; diriger sur le repère la division β' du micromètre et mettre la bulle entre ses repères. A ce moment la même division fixe que tout à l'heure se trouve dirigée sur l'horizon. L'orientation étant ainsi obtenue, on opère ainsi :

2º Mesure des distances par les hauteurs de mâture.

Cette mesure se fait quand on ne peut disposer d'une altitude suffisante. (Batteries basses.) Sait h la hauteur du mât d'un navire ennemi. Il suffit de mesurer au micromètre l'angle ε sous-tendu par ce mât pour avoir sa distance au moyen de la relation $h = D\varepsilon$. De nouvelles tables à double entrée (fig. 9) donnent D en fonction de ε et de h. Ces tables peuvent servir de diverses manières :

Fig. 9.

Hauteurs de Mâture.

Divisions du Micromètre / N	5	6	7	8	9	10	11
100	D_1	D_1'	D_1''	D_1'''			
99	D_2	D_2'	D_2''				
98	D_3	D_3'					
97	D_4						
96							
95							
94							
93							

---

(1) C'est la division 80.

1º On connaît exactement h — On a de suite D avec une seule mesure, et une lecture dans la table.

2º On ne connaît pas h. — On fait une hypothèse sur h [1] soit h_n; on en déduit D_n. — On tire et on a par exemple un coup court. On fait alors une nouvelle hypothèse sur la valeur de h. Soit h_{n+1} d'où D_{n+1}. On tire &... le réglage conduit ainsi à 2 valeurs satisfaisantes h_p et D_p. On en conclut que h_p est la hauteur vraie du mat (on pourrait même appeler h_p la hauteur balistique du mat car elle est corrigée des écarts du tir dûs à toutes les causes possibles). Cette valeur de h_p servira dorénavant à donner la vraie valeur de D dans tous les déplacements du navire.

Si un tir antérieur quelconque a donné la distance D du but, on mesure $\mathcal{E}$ et entrant dans la table par D et $\mathcal{E}$ on en conclut la valeur de h qui sera employée dans le reste du tir.

On tend beaucoup depuis quelque temps à remplacer les tables ci-dessus par des Réglettes de correspondance construites comme des règles à calculs. Ces réglettes servant en principe pour le réglage du tir, seront décrites dans un chapitre suivant.

La lunette de côte est un instrument simple précis, transportable, facile à défiler. Il est d'un emploi fréquent. — Il commence à donner des mesures de dépression acceptables à partir de l'altitude de 10^m.

---

[1] En pratique la hauteur des mâts militaires des cuirassés au-dessus de la mer varie très-peu. Elle oscille entre 25 et 35 m.

Chapitre II.

Appareil de pointage automatique. (Appareil Deport)

Nous avons vu ce qu'était le « Temps perdu » dans le réglage et l'importance qu'il y aurait à l'éliminer.

L'appareil de pointage automatique produit ce résultat car l'opération même du pointage donne à chaque instant la distance du but. L'appareil est à la fois un instrument de pointage et un télémètre à base verticale.

Principe de l'appareil.   Il est basé sur le principe suivant : Soit une pièce en A à une certaine altitude h (fig. 10) et un but en B, à la distance D. Soit

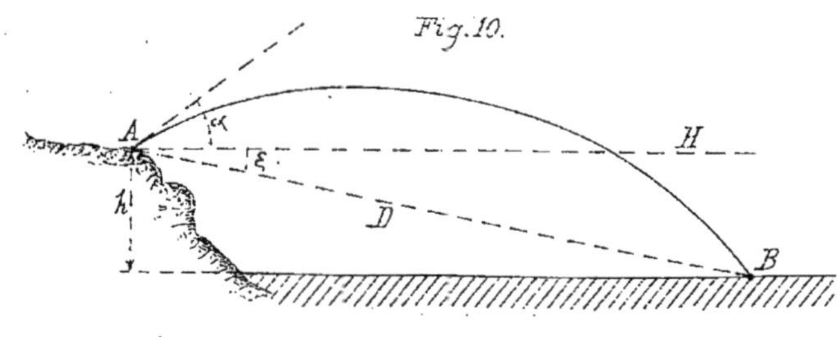

Fig. 10.

E l'angle de dépression et α l'angle de tir, α et E sont chacun fonction de D. Ils sont donc fonction l'un de l'autre:

$$\alpha = f(E)$$

Supposons maintenant une lunette placée sur le
canon et pouvant être dirigée sur B. Relions la lunette au
canon par un organe mécanique tel qu'à chaque inclinaison E de la lunette corresponde une inclinaison α du canon
répondant à la relation : $\alpha = f(E)$ On aura ainsi réalisé
un appareil tel que si on dirige la lunette sur le but,
on aura par cela même donné au canon l'inclinaison nécessaire pour l'atteindre.

Tel est l'appareil Déport.

§ III. Description

Ensemble de l'appareil.   Il comporte 3 parties principales (fig. 11)

1° En bas : une "semelle" SS posée sur un support de
pointage σσ (haché ainsi : ▨ sur la fig. (11) et sur
les suivantes) vissé lui-même au tourillon droit. Le centre
du tourillon se confond par construction avec un axe
T dont on parlera tout à l'heure. La semelle est main-
tenue sur le support σσ par deux saillies E et π appe-
lées l'une "ergot", l'autre "pivot" faisant partie de
σσ et placées dans un plan parallèle au plan de tir.
On expliquera plus loin le rôle de l'ergot et du pivot.
La table du support de pointage est parallèle à l'axe
du canon, il en est donc de même de la base de la se-

(1) Voir la Planche à la fin de la réduction.

melle qui fait ainsi avec l'horizontale l'angle de tir α.

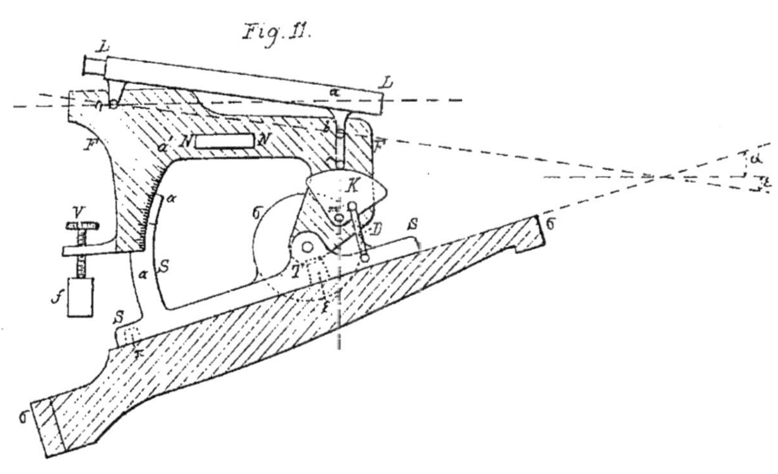

Fig. 11.

2° Au Centre : Un „bâti„ fixe FF (haché ainsi ▨▨▨). La fixité du bâti est due aux motifs suivants : Il est articulé avec la semelle en T, point fixe puisque c'est l'axe des tourillons ; il ne pourrait donc que tourner autour de T. Mais il est en outre maintenu en arrière par la butée d'une vis V sur une partie fixe f de l'Affût. Un niveau NN témoigne d'ailleurs de la fixité du bâti, fixité qui me servant toujours affecté à ce soin pourrait au besoin rétablir en agissant sur V. Tous les organes ou axes pris sur le bâti F sont donc absolument fixes.

3° En haut : Un „support de lunette„ LL mobile autour d'un axe O pris sur le bâti. La partie antérieure

de I est articulée en b avec une tige verticale bc appelée „coulisseau" parcequ'elle coulisse verticalement
dans un canal du bâti. L'extrémité c du coulisseau
porte sur une came K mobile autour d'un axe m
pris sur le bâti. Par construction ob est parallèle à l'axe
de la lunette. La came K est reliée à la semelle S par
une bielle D.

On voit qu'à chaque angle de tir α c'est-à-dire à
chaque position de la semelle S correspond une certaine
position de la bielle D et par suite de la came K et enfin
une certaine inclinaison ε de la lunette. Il suffit de
tracer la came de telle sorte qu'on ait toujours la
relation :

$$\alpha = f(\varepsilon) \quad (1)$$

---

(1) Le tracé de la came se fait comme toujours, non par le tracé continu d'une courbe dont
on aurait l'équation $\rho = \rho(\omega)$, mais par points. On a facilement ces points de la manière
suivante : Soit comme ci-dessus ob la parallèle à l'axe de la lunette et bc le coulisseau vertical exécuté en b et de longueur fixe l, on a (fig. 12) :

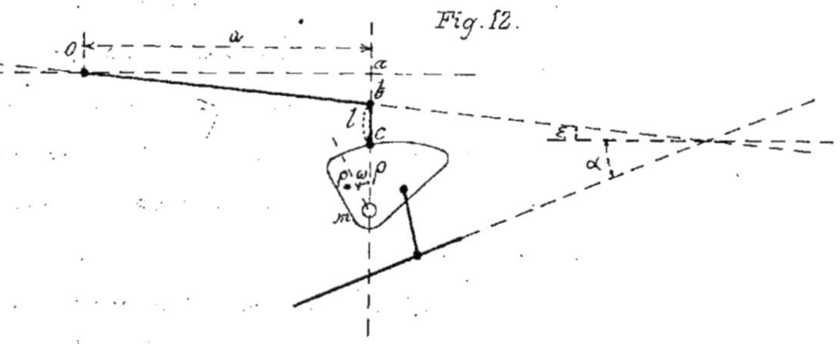

Fig. 12.

Voyons maintenant comment cet instrument constitue un télémètre et un niveau de pointage.

La semelle S porte un arc aa concentrique à T et coulissant dans l'intérieur d'un arc identique $a'a'$ taillé dans la pièce fixe F. L'arc $a'a'$ est gradué en distances (pour un canon donné) Le bâti étant fixe il suffit d'amener, en inclinant le canon, l'index de aa en face d'une distance D pour que la base de la semelle fasse avec l'horizon l'angle de tir α correspondant à D. L'ensemble de deux pièces: Semelle - Bâti constitue donc un niveau de pointage gradué en distances.

Il est évident en outre qu'à chaque position du canon correspond une inclinaison ε de la lunette mesurant la dépression correspondant à la distance D marquée par l'index. L'ensemble des deux pièces: Lunette - Bâti constitue donc un Télémètre de dépression également gradué en distances.

Le tracé de la came est évidemment variable avec l'altitude

$am = C^{te} = ab + l + p$ or $ab = d \, tg \, \varepsilon$ d'où $p = C^{te} - d \, tg \, \varepsilon$. ce qui donne une série de valeurs corrélatives de p et de ε . (d est pratiquement constant). D'autre part la position et la longueur de la bielle b donnent facilement une série de valeurs co-rélatives de α et de ω . La table de tir donne également des valeurs corrélatives de D et de α et on sait d'ailleurs la valeur de ε correspondant à chaque valeur de D. On a donc d'une part une série de valeurs corrélatives de p et de ε et de l'autre une série de valeurs de ε et de ω, soit finalement une série de valeurs de p et de ω qui donnera le tracé de la came.

et aussi avec le canon puisque la graduation en distances en dépend.

Du Correcteur. L'appareil que nous venons de décrire serait parfait si le Niveau de pointage et le Télémètre de dépression qui le composent étaient immuables. En réalité ils ont besoin de corrections :

1.º le Niveau de pointage, parce que la hausse et l'angle de tir du jour ne sont pas ceux des Tables.

2.º le Télémètre de dépression, parce que la base varie avec la marée.

Les corrections dûes à ces deux causes se font en déplaçant horizontalement le point 0 dans le Bâti-fixe F. (on verra pourquoi au § IV : Corrections de l'appareil). A cet effet l'axe 0 est enclavé dans une petite pièce carrée appelée curseur fig.13 qui peut se déplacer dans deux coulisses ménagées l'une sur le Bâti l'autre sur le support de lunette. Ce déplacement se mesure par un index

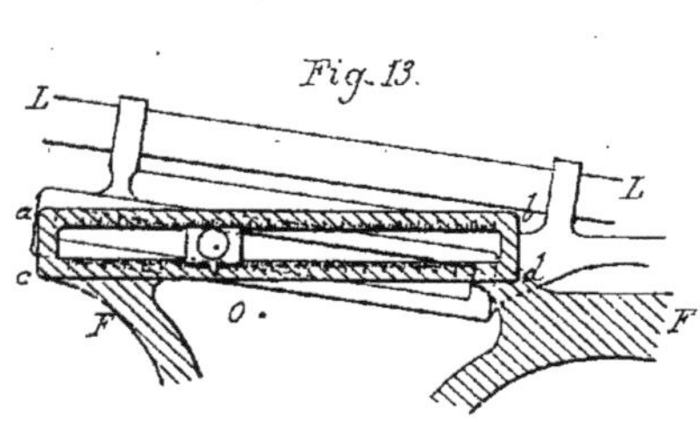

porté par le curseur et se mouvant sur deux graduations ménagées l'une en a b pour les corrections de hausse, l'autre en c d pour les corrections d'altitude. Quand l'index est au 0 de ces deux graduations (qui se font face) il est à sa position normale. L'ensemble de ces organes prend le nom de « correcteur ».

Mouvements latéraux de l'appareil. Tout ce que nous venons de dire caractérise les mouvements principaux des organes de l'appareil dans le plan de tir. Les mouvements latéraux sont obtenus par le jeu de l'ergot E et du pivot ϖ fig. 14.

Ces organes permettent :
1° la correction automatique de la dérive.
2° les corrections de direction à la demande du Réglage.
La correction automatique se fait ainsi :
Supposons

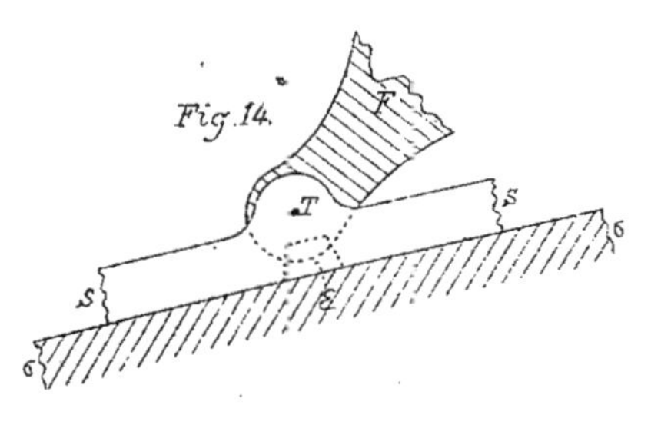

Fig. 14.

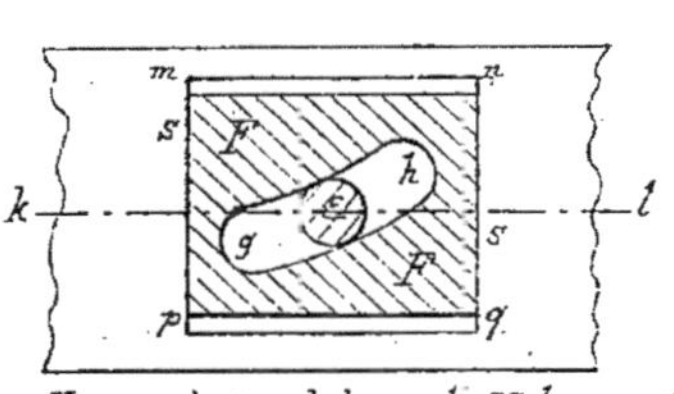

Vue par dessous de la semelle SS, le support σσ supposé enlevé sauf le grain E.

le pivot ϖ fixe ainsi qu'il arrive pendant le tir. L'ergot E fait partie du support de pointage σ et comme il est à une certaine distance du centre T des Tourillons, il décrit autour de ce point, quand l'inclinaison du canon change, un cercle situé dans le plan de tir. Or cet ergot pénètre, à travers la semelle largement échancrée à cet endroit, dans une rainure gh oblique par rapport au plan de tir et creusée dans un grain en acier, faisant partie du côté F. Quand E décrit son cercle il force donc le côté qui porte la rainure à se déplacer latéralement en tournant autour du pivot ϖ. Le tracé de la rainure est tel que le déplacement de la ligne de mire ainsi obtenu corrige automatiquement la dérive.

Les corrections de réglage du tir en direction se font ainsi fig. 15 :

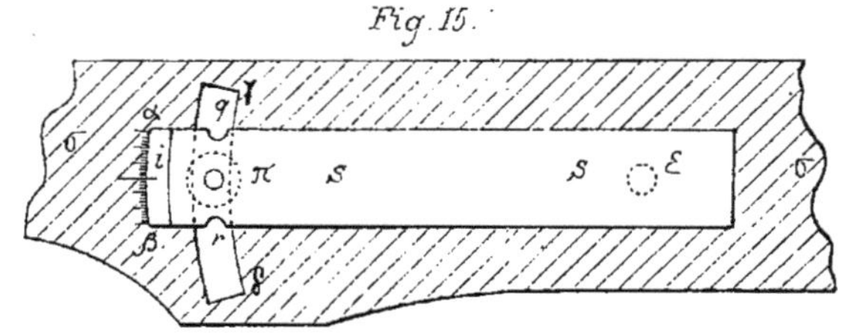

Fig. 15.

L'ergot E étant bien encastré entre les parois de la rainure, peut servir à son tour d'axe de rotation à l'appareil. A cet effet, la semelle S présente en plan un index i pouvant se mouvoir sur une graduation fixe $\alpha\beta$ tracée sur le support σ (cette graduation est en $\frac{1}{1000}$ [1] de sa distance à l'ergot le 0 au milieu) [2] on peut fixer la semelle dans une position quelconque en immobilisant au moyen d'une vis le pivot ϖ. Pour

____

(1) Les traits ne sont marqués que de 11 en 11 en 10 de sorte qu'une division correspond à un angle de $\frac{1}{100}$.
(2) Cette graduation est la graduation des dérives.

la déplacer angulairement il suffit de desserrer le pivot, de mettre la flèche en face de la nouvelle division et de resserrer le pivot. [1]

Organisation des détails.

La description précédente suffit avec la fig. (11) pour comprendre l'appareil dans son ensemble. On ajoutera pour finir quelques remarques de détail.

Toutes les pièces sont en bronze à formes arrondies et résistantes.

L'axe optique de la lunette est déterminé par un réticule qu'on peut légèrement déplacer au moyen d'une clef de réglage.

La coulisse se mouvant verticalement dans son canal et le curseur O étant fixe sur le bâti (sur lequel on doit le serrer quand on l'a placé à la position convenable ;) il ne peut pas l'être sur le support de lunette. Dans sa rotation autour de O ce support se déplace donc un peu latéralement par rapport au curseur ce qui est possible à cause de la glissière du support de lunette.

Le dessous du coulisseau porte un galet qui rend plus doux le frottement sur la came. Au repos on fixe le coulisseau dans son canal au moyen d'une goupille empêchant le contact du galet et de la came.

La came (en acier) est entièrement cachée dans l'intérieur du bâti. Elle est à double profil. En la plaçant le long de son axe on met le galet en prise avec l'un ou l'autre profil (par exemple pour passer d'un projec-

---

(1) Voir la Note VII   à la fin de la Rédaction.

tile à un autre.)

La graduation en distances du Bâti est tracée sur une pla-
que amovible au moyen de vis.

Sauf la came et la graduation, l'ensemble de l'appareil est commun à tous les canons et à toutes les altitudes.

Le support de pointage porte non seulement la ta-
blette d'appui de l'appareil Deport mais encore un guidon à l'avant et un fourreau de hausse à l'arrière.

§. IV – Corrections de l'appareil.

Nous avons vu que l'appareil avait à subir deux es-
pèces de corrections, nous allons les étudier successivement.

1º Correction des Portées.

On vise le but B, les conditions de tir du jour n'é-
tant pas celles des tables, le projectile tombe en B₁. L'angle α à employer n'est donc pas celui correspondant
à E d'après le tracé de la came. Comment rétablir
la concordance pour les coups suivants ?

Soit ob (fig. 16), dans laquelle les lettres ont la même

signification que dans les fig. 11 et 12, la ligne joi-
gnant O (dans sa position normale) au point b d'articulation du coulisseau et du support de lunette. Cette
ligne peut être confondue avec l'axe optique de la lunette
qui lui est parallèle.

Ob passait par B pendant le pointage, l'obus
étant tombé en B_1 on aura rétabli la concordance
si, sans changer la position du canon et par suite
sans changer le point b de contact du coulisseau sur
la came, on amène O en O_1 tel que $O_1 b B_1$ soit en ligne
droite, et cela en déplaçant le curseur le long des coulisses du Bâti et du support de lunette.

Il est facile d'évaluer OO_1 en fonction de ΔP et de P.
on a :

$$\frac{OO_1}{Oa} = \frac{\Delta P}{P}$$

Pour évaluer OO_1 en division du correcteur rappelons
que Oa est divisé en 200 parties. Le nombre n de division correspondant à OO_1 est donc.

$$n = 200 \, \frac{\Delta P}{P}$$

qui donne n en fonction de ΔP; comme en général
on ne connait pas ΔP on part de ce fait que pour $n=1$,
$\Delta P = \frac{P}{200}$ ce qui signifie qu'un déplacement d'1 division
du correcteur corrige la portée de $\frac{1}{200}$ de sa valeur.
Cette règle sert de base à l'amplitude des bords du
réglage.

Correction de l'altitude. — Les variations d'altitude dues aux mouvements des mariées rampt la concordance établie par la came entre α et ε car l'instrument en tant que télémètre suppose une hauteur moyenne qui n'existe plus. Comment rétablir cette concordance ?

Soit fig. 17 avec les mêmes notations que tout-à-l'heure $H_m H_m$ le niveau de la mer moyenne est soit $H_v H_v$ la hauteur vraie. Soit B le but et BB_1 la trajectoire

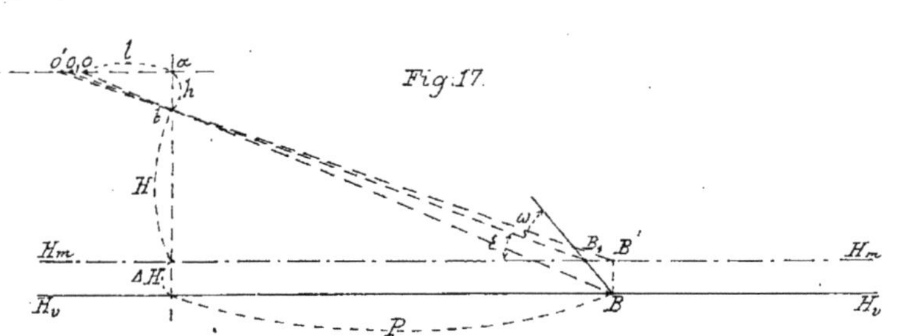

supposée rectiligne entre ces points. L'appareil étant réglé pour $H_m H_m$ il en résulte que pour atteindre B il faudrait pointer sur B_1, ou, ce qui revient au même, pointer sur B seul point existant, après avoir ramené l'axe optique de ObB en ObB_1. La correction OO_1 qui en résulterait s'évalue comme précédemment, mais elle varie avec la distance, ce qui n'est pas commode pour le tir.

Pour éviter cet inconvénient on se contente d'une

correction moyenne qui s'obtient en admettant qu'il suffit toujours d'atteindre B' projection du but B sur la mer moyenne. L'erreur qui en résulte est corrigée par le réglage. (1). On va voir que la correction qui en résulte est indépendante de la distance.

En effet pour atteindre B' il suffit de pointer sur ce point ou ce qui revient au même de pointer sur B seul point existant. à condition d'avoir déplacé l'axe optique de OhB en OhB'. Pour évaluer OO' il suffit de remarquer que la fig. donne : (ΔH étant assez petit)

$$\frac{\ell}{P} = \frac{h}{H}$$

et en différentiant logarithmiquement :

$$\frac{\Delta \ell}{\ell} = -\frac{\Delta H}{H} \quad \text{ou} \quad \frac{n}{260} = -\frac{\Delta H}{H}$$

La correction n ne dépend donc pas de la portée. Le signe indique dans quel sens il faut mouvoir le curseur (Diminuer ℓ quand la mer baisse).

Réglage de l'appareil.

Tout ceci suppose que pour une mer moyenne et des conditions de tir normales la concordance $\alpha = f(\varepsilon)$ existe. Il peut se faire que par suite du déplacement du réticule ou même usure de l'appareil il n'en soit pas ainsi. On règle à ce point de vue l'appareil de la manière suivante :

Viser en direction un repère de distance connue et tou-

---

(1) Elle est donnée par la relation $B'B_1 = \dfrac{\Delta H}{tg(\omega + \varepsilon)}$. Pour le canon de 24 à l'altitude de 100^m tirant à la distance de 3000^m avec un abaissement $\Delta h = 5^m$ on a $B_1 B' = 33^m$.

jours au niveau de l'eau (affleurement d'un rocher, d'une bouée &c...) par une mer moyenne (ou par une mer quelconque en déplaçant le correcteur d'une quantité convenable). Incliner le canon jusqu'à ce que l'index de la Semelle vienne en face de la distance du repère sur la graduation du Büti. A ce moment le milieu du réticule doit affleurer le repère. Le réglage consiste à déplacer ce réticule avec la clef pour rétablir la coïncidence s'il y a lieu[1].

Ce réglage est exact pour toutes les distances si le réticule seul est dérangé. S'il y a usure de la came ou d'autres parties de l'appareil le réglage n'est théoriquement valable que pour la distance du repère. Mais en pratique la correction est toujours faible de sorte qu'on peut s'en contenter pour toutes les distances.

---

[1] On peut aussi opérer le réglage avec un repère non placé au niveau de l'eau mais dont on connaît l'altitude h (celle de la batterie étant H) ainsi que la distance D. Tout se passe comme si on visait un repère fictif B à la distance X. Il suffit donc de viser

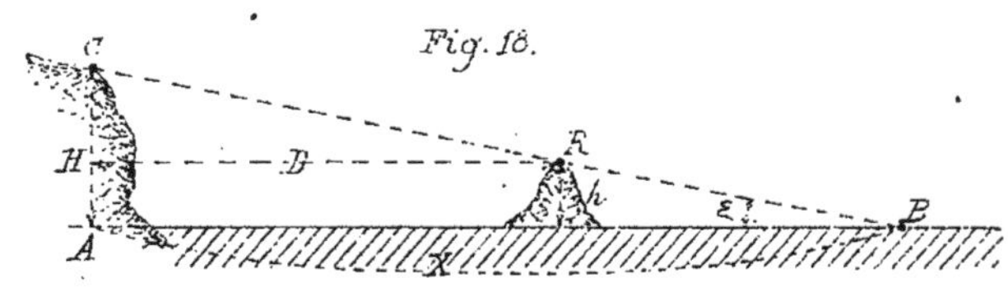

R tout en faisant marquer à l'appareil la distance X donnée par la relation $\frac{H}{X} = \frac{H-h}{D}$.
H est une hauteur quelconque parmi toutes celles que peut prendre le correcteur par ex. simple celle qui correspond à la mer moyenne.

§.V_ Discussion de l'appareil Déport.

1°. **Avantages**

L'appareil Déport a l'avantage de résoudre complètement et automatiquement toutes les questions du pointage et du réglage. En particulier il permet de localiser dans un « Correcteur » indépendant de la graduation en distances, les modifications dûes au jeu du réglage. Celles-ci se transportent donc d'elles-mêmes quand on passe d'une distance à l'autre (par suite de la mobilité du but ; et elles gardent toujours leur même valeur puisque chaque division du correcteur correspond à une fraction constante de la portée. Il n'y a donc aucun calcul à faire pendant le tir pas plus d'ailleurs qu'il n'y a à s'occuper de la distance du but soit pour la mesurer, soit pour en transporter la valeur sur un organe de pointage. Il donne automatiquement la dérive et permet également sans calculs, le transport, d'une distance à l'autre des corrections en direction. Enfin son principal avantage est la suppression du temps perdu que ne donne encore aucun autre appareil.

Somme toute il rend le réglage du tir de côte relativement très-facile.

2°. **Inconvénients.**

Il ne peut servir que pour des altitudes d'au moins 20^m sur la Méditerranée et d'au moins 30^m sur l'océan (à cause du phénomène de la marée).

Il est assez encombrant, coûteux et ne peut demeurer sur la pièce pendant le tir. Il peut par accident se fausser assez facilement. Enfin il faut autant d'appareils c'est-à-dire somme toute, autant de Télémètres, que de pièces.

Mais son inconvénient le plus grand est d'exiger une extrême précision dans le pointage, chaque erreur de visée entraînant, outre l'erreur de pointage une erreur de télémétrage, toujours plus importante que la première.

En effet, soit $a\,m$ la muraille d'un navire fig. 19 on doit toujours viser la flottaison, a seule ligne bien déterminée sur un bateau. Soit une erreur $ab = \varepsilon$ sur la visée. Le rayon visuel rencontre la mer en A

tel que

$$\alpha A = \frac{\varepsilon}{tg\,\varepsilon}$$

C'est A qu'on atteindra sur la mer ou B sur la paroi verticale du bateau tel que BA fasse avec la ligne de site bA l'angle de chute ω. L'écart vertical $E = Ba$ du tir sera :

$$E = Aa\;\;tg\,(\omega + \varepsilon) = e\,\frac{tg(\omega + \varepsilon)}{tg\,\varepsilon}$$

Or aux distances ordinaires (et surtout aux grandes distances) ω est un angle bien plus grand que ε.

Pour le canon de 24^{m} tirant à 3000^{m} et à l'altitude de 103^{m} on a, pour $e = 1^{\text{m}}$ (conditions très-avantageuses) :

$$E = 4^{\text{m}}50.$$

Si l'altitude de la batterie n'est que de 30^{m} $E = 12^{\text{m}}50$ le projectile passe donc par dessus le pont.

Or une erreur de 1^{m} sur le point visé est bien petite surtout avec la lourdeur des affûts actuels de côte et avec l'agitation des vagues près du bateau. (1)

---

(1). Voir à ce sujet la note VIII à la fin de la rédaction — Voir également au sujet de l'appareil Deport la note IX sur une modification importante de cet appareil.

Chapitre III.

Autres Instruments de pointage &..

§.VI. Hausse Jacomy.

La hausse de côte, due au capitaine Jacomy, a été construite de manière à présenter les avantages de l'appareil Deport, (sauf la suppression du temps perdu évidemment impossible avec une hausse). Cette hausse présente donc les particularités suivantes; elle localise les modifications du réglage sur un « correcteur ». Elle est graduée uniquement en distances qui peuvent être facilement données au moyen d'un bouton et d'une crémaillère. Elle donne automatiquement la dérive.

Description.

Elle comprend fig. 20 une tige T T en acier à section hexagonale; la face arrière (celle que voit le pointeur) est graduée en distances, la face avant porte une crémaillère.

Fig. 20.
Hausse de côte M^{le} 1890.
Face arrière.
Face avant.
Collier des Dérives
Correcteur de Portées

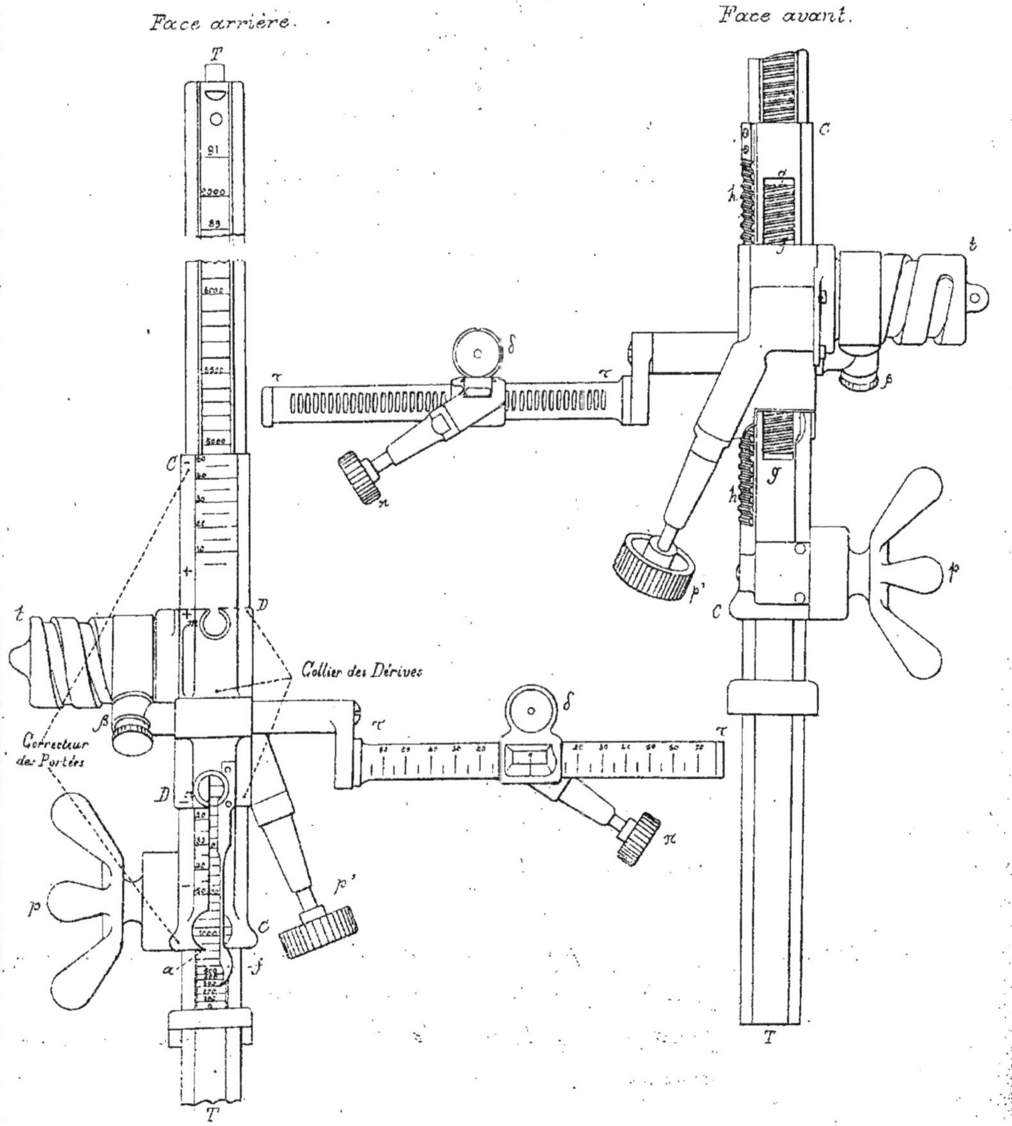

Sur TT coulisse un tube CC en bronze appelé « Correcteur des portées » par analogie avec l'appareil Déport. Le bas du Correcteur porte un index a qui se meut sur la graduation en distances. Ce Correcteur porte un pignon p qui engrène avec la crémaillère et qui tourne au moyen d'un croisillon poignée non réversible (à cause d'un frein à friction caché dans un petit tambour). La face arrière du correcteur des portées est doublement graduée en millièmes de la ligne de mire de 0 à 50 vers le bas et de 0 à 50 vers le haut. Une des faces latérales porte une crémaillère dh. La face antérieure est largement échancrée en gg de manière à laisser à découvert la grande crémaillère de TT.

Un second tube DD en bronze, plus court et plus gros, est enfilé sur CC de même que CC l'est sur TT. Il prend le nom de Collier des dérives. Un Index double m se trouve en haut de DD et un autre n en bas : chacun d'eux est en face d'un des 0 des deux graduations de CC quand DD est dans sa position moyenne (Ce n'est pas le cas de la fig. 20.) On meut DD sur CC, au moyen d'un pignon p' porté par DD engrenant sur la crémaillère latérale de CC.

Le collier des dérives porte une tige horizontale ZZ recevant un curseur mobile δ qui comprend l'œilleton. La mobilité du curseur, due à un 3ᵉ pignon π avec vis sans fin, permet de corriger les écarts du tir en direction (en millième de la ligne de mire) ce qui correspond au mouvement de l'appareil Déport autour de l'Ergot. La correction de la dérive se fait automatiquement de la manière suivante. La tige TT porte à gauche un bouton β entrant dans une rainure hélicoïdale tracée sur un tambour t. Ce tambour, calé sur un pignon qui engrène avec la grande crémaillère de TT, tourne forcément quand l'œilleton monte, soit par le mouvement de DD sur CC soit par celui de CC sur TT. Le tracé de la rainure est tel qu'à chaque élévation de l'œilleton corresponde la dérive convenable. Le tambour correspond à l'action du Grain et de l'Ergot de l'appareil Deport.

Usage.

L'usage de l'appareil est le suivant : mettre, en tournant p, l'index a des portées sur la distance donnée après s'être assuré que le collier des dérives est au 0. Pointer et tirer. Corriger au besoin le tir en portée en déplaçant m ou n sur la graduation de CC. Quand la distance change, mettre l'index a en face de la nouvelle distance. Dans cette opération, les corrections précédentes se transportent d'elles-mêmes. La graduation du Correcteur CC correspond à celle du Correcteur de l'appareil Deport.

Pour savoir à quelle distance réelle de tir on est arrivé par le jeu du réglage, un nouvel index f très-allongé et dit, index de la distance finale, est fixé sur DD. Quand DD est au milieu de CC (c'est-à-dire au 0) l'index f coïncide avec l'index des portées. Quand on déplace DD, f se déplace aussi en indiquant sur la grande graduation de TT la distance balistique du tir. Cet organe n'a pas d'équivalent dans l'appareil Deport.

Discussion.   Les avantages et inconvénients de cette hausse
se déduisent facilement de ceux de l'appareil Deport.
Une hausse peut servir pour des canons différents à
condition de changer le tambour des dérives et la
graduation de TT laquelle est placée à cet effet
dans une rainure. Malheureusement le Correcteur
de la hausse ne remplit qu'imparfaitement son
office. Les corrections en millièmes de la ligne de mire
ont une valeur variable avec la portée, si bien
qu'on ne peut pas toujours se contenter de leur
transport automatique. (1) Pour le tir aux grands
angles des mortiers l'instrument est long et encombrant. En outre la non reversibilité du croisillon-
poignée parait insuffisante dans le cas où on lais-
se les hausses en place pendant le tir. (La hausse
de côte doit donc être enlevée à chaque coup.)

L'insuffisance du correcteur a fait condamner
en principe cet organe qui a été pourtant au début
une des principales raisons d'être de la Hausse. Les
nouvelles Hausses qu'on construit aujourd'hui ont
la planchette des dérives placée directement sur cc.
Le transport automatique des corrections se fait

____

(1) aux distances moyennes de combat de 2000 à 4000ᵐ une division du correcteur
correspond à une modification de portée de 20 à 25ᵐ.

au moyen de « réglettes à correcteur » dont on parlera tout à l'heure.

On cherche aussi à faire des hausses à « collimateur » permettant le pointage à distance, et par suite la fixité du pointeur pendant le recul (affût de 95 de côte) et supprimant la planchette des dérives fort encombrante dans le tir plongeant aux grandes distances.

§. VII — Réglettes.

Les réglettes ont pour but d'opérer mécaniquement un certain nombre de calculs qu'il serait peu commode d'effectuer pendant le tir

Cette réglette a pour but de remplacer le correcteur sur les nouvelles hausses. On l'emploie dans le cas où l'on tire avec un télémètre quelconque (le télémètre le Cyre par exemple) Elle a la forme d'une règle à calculs. Elle comprend : à gauche sur la règle et sur la réglette deux graduations identiques : D_m en distances mesurées (au télémètre) et D_c en distances cor-

Fig. 21.
Réglette à correcteur.

Réglette simple à correcteur. fig. 21.

rigées (des modifications du Correcteur). En outre à droite : sur la réglette une flèche-repère f et sur la règle une graduation en corrections. Un curseur CC entoure le tout. Pour se servir de la réglette : mettre la flèche-repère en face de la division du correcteur indiquée par le réglage et lire en face de D_m mesurée la distance D_c corrigée. C'est cette distance qui est indiquée aux pointeurs qui la font marquer par l'index a de leur hausse. La correction demeure valable pour toutes les distances.

L'avantage de cette transformation par rapport au correcteur Jacomy, c'est d'abord que la correction est commune à toutes les pièces. Elle est donc plus sûre et en tous cas plus régulière dans l'ensemble de la batterie. En outre on est maître de la graduation de D_m et de D_c, on la choisit alors sous la condition que comme dans l'appareil Deport, un nombre de divisions du correcteur corrige la portée d'une fraction constante de sa valeur. On voit qu'il suffit de graduer D_m et D_c en logarithmes de la portée, le correcteur étant gradué en logarithmes des divisions du Correcteur (1).

---

(1) En général on ne peut faire avec des instruments du genre de la Règle à calculs que des additions ou soustractions si les règles sont graduées en longueurs proportionnelles aux nombres inscrits

Cette réglette sert encore à donner la distance corrigée, mais dans le cas où la mesure des distances se fait par la mesure de la parallaxe du mât au moyen de la lunette de côté. la relation étant fig. 23.

$$H = D_m N$$

Elle porte :

1° sur la règle :

en N le nombre de divisions lu sur le réticule de la lunette (ou parallaxe du mât). En H la hauteur du mât, au dessus du niveau de la mer.

2° sur la réglette : en D les distances. À droite un correcteur gradué portant une flèche-repère (à la division 100 tenant lieu de zéro pour éviter les corrections de signe contraire). Deux curseurs C_1 et C_2 coulissent séparément à gauche

Fig. 22.
Réglette de mâture.

Fig. 23.

---

ou des multiplications et divisions si les règles sont graduées en longueurs proportionnelles aux logarithmes de ces nombres. Ici on a à effectuer une multiplication car : $D_c = D_m + \frac{n}{200} D_m = \left(1 + \frac{n}{200}\right) D_m$. C'est le cas de la Règle à calculs ordinaire : Il suffisait donc de graduer la règle en Logarithmes des Distances à une certaine échelle et la réglette en Log. des nombres $\left(1 + \frac{n}{200}\right)$ à la même échelle. Il est évident sur la fig. que le résultat est obtenu plus facilement en se servant du repère comme on l'a indiqué. Une règle à calculs ordinaire peut donc suffire pour graduer la « Réglette à correcteur ».

et à droite de la réglette.

On se sert ainsi de cet instrument : Mesurer N avec la lunette. Mettre la flèche-repère en face de la hauteur H du mât et lire en face de N la distance D cherchée. Cette opération remplace la lecture de la table à double entrée, de la fig 9.

Si, pendant le tir, on est amené à des corrections de réglage, on met non plus la flèche-repère mais la division du correcteur indiquée par le réglage en face de la hauteur (le curseur C_2 sert à conserver ce nombre). Cette opération correspond à celle donnée pour la réglette précédente.

Toutes les graduations de la réglette sont des graduations logarithmiques. (1)

---

(1) En se reportant à la note précédente il est facile de comprendre ces graduations. On a à faire 2 multiplications distinctes : d'abord : $ND_m = H$ où les 2 facteurs sont variables. C'est encore le cas de la règle à calculs. On modifie un peu la disposition de celle-ci afin de rendre les lectures plus faciles.

En N on inscrit les log. des parallaxes de mâture. En D les log. des distances, (à la même échelle). Le produit H au lieu de se lire sur la même colonne que N se lit à droite en face de la flèche repère. La colonne H est donc la reproduction exacte de la colonne des N. En pratique les données sont N et H, on en conclut la Distance D_m. On peut ensuite avoir à faire l'opération du correcteur : $D_c = \left(1 + \frac{n}{200}\right) D_m$

Même but et même organisation que pour la réglette précédente. Elle sert à donner la distance corrigée dans le cas où la mesure des distances se fait par la dépression à l'horizon.

N représente ici fig. 24 le nombre lu sur le réticule entre l'horizon et la flottaison du but. La colonne A représente l'altitude du moment de la Batterie au dessus de la mer. Les deux autres colonnes ont la même signification que dans le cas précédent.

Si A n'est pas donné on le trouve au moyen de la réglette en mesurant la dépression N d'un repère de distance connue D. Mettant D en face de N on lit en face de la flèche-repère, l'altitude A du moment.

Ayant A il suffit, pendant le tir, de mettre la correction indiquée par le réglage en face de l'altitude A et de lire en face de N la distance corrigée.

La relation entre N, A et D n'a

Fig. 24.
Réglette d'altitude.

Cette opération se fait au moyen des 3 colonnes D, H et « correcteur », cette dernière graduée à la même échelle que les deux autres en log. des nombres : $1+\frac{n}{100}$. En considérant la valeur de H comme un repère on déplace le correcteur et on lit en D la distance corrigée ainsi qu'il a été dit. Une règle à calcul suffit encore pour graduer une Réglette de mâture à correcteur. »

pas tout-à-fait la forme simple du cas précédent. Elle serait exactement $A = D_m N$ (fig. 25 si la terre était plane). Mais elle n'en diffère pas beaucoup. Les graduations de la réglette sont donc à peu près des logarithmes.

Fig. 25.

On pourrait évidemment remplacer pendant le tir les deux réglettes précédentes par la réglette simple à correcteur de la fig. 21 à condition de faire usage des tables des fig. 8 et 9.

Réglette de correspondance des hausses et des évents.

Cette réglette, analogue à celles qui ont été proposées bien souvent comme réglettes de section dans le tir de campagne, comporte fig. 26 en D les distances, en E les évents (les graduations de droite sont simplement le prolongement des graduations de gauche). Une flèche-repère f se meut le long d'une graduation fixe gg divisée en dixièmes de seconde pour les distances moyennes de tir. Les corrections d'évent se font en déplaçant f sur gg et en lisant en face de D l'évent E cherché. (Pour faire l'opération exacte quand les distances diffèrent des distances moyennes, déplacer la distance D à laquelle on tire, du nombre de dixièmes de secondes nécessaires en face de D et ne se servir de

secondes nécessaires en face de D et ne se servir de

Fig. 26
Réglette de correspondance
des hausses et des évents.

la flèche *f* que comme de repérage de la réglette sur la règle).

Réglette de Direction. Elle sert à donner de suite et sans calculs la correction de dérive. Elle comprend fig. 27 une planchette P portée par un manche, en haut une pointe fixe *f*. Une réglette R R mobile transversalement porte des dents dont la longueur est de 1/1000 de la longueur d'un bras tendu. Les dents sont graduées celle du milieu cotée 0 en 100 - L'usage en est très-simple :

Fig. 27.
Réglette de Direction.

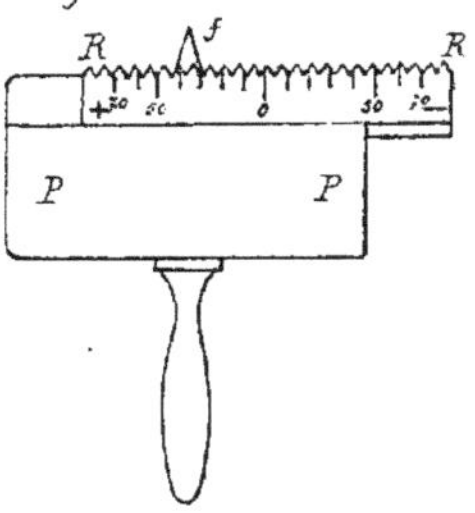

Mettre la dent correspondant à la dérive : (+ 12 par exemple) en face de la pointe fixe. Diriger celle-ci sur le but le bras tendu. Si la dérive est bonne, l'obus tombe au but c'est-à-dire en face de + 12. S'il tombe à gauche, en face de + 15 par exemple, cela prouve qu'il aurait fallu employer + 15. On commande donc + 15 pour le coup suivant, on place ce nombre devant la pointe fixe et on continue comme précédemment.

Toutes les réglettes ci-dessous sont en aluminium, leur emploi est assez facile pour pouvoir être confié à de simples servants.

§. VIII. Objets divers.

Tableaux indica-teurs.

Ces Tableaux servent à indiquer de loin aux chefs de pièce les éléments du tir (difficiles quelquefois à transmettre à la voix à cause du vent, de la forme des traverses &...) Ces éléments sont la distance, la correction (s'il y a lieu) et la dérive. Ils sont peints en blanc sur des plaques métalliques noires accrochées sur le Tableau et qu'un servant tourne comme les feuillets d'un livre à l'indication du capitaine. A chaque changement d'éléments, le servant donne un coup de corne ou de sifflet pour attirer l'attention des chefs de pièce.

Planchettes de tir.

Ces planchettes fort simples contiennent un plan du champ de tir de la batterie, un plan détaillé de l'ouvrage et quelques renseignements utiles, en particulier l'indication exacte de repères de réglage avec leur distance.

Feuillets signaléti-ques des Bâtiments.

Les Batteries disposent aussi de documents destinés à les renseigner sur les navires contre lesquels ils auront à tirer. Ces renseignements contenus dans des « Feuillets signalétiques » sont classés par puissances (Angleterre, Allemagne, Autriche, Italie). Il y a pour chaque bâtiment un feuillet comprenant une photographie, l'indication des parties cuirassées, une description sommaire, les dimensions les plus importantes, (en particulier la hauteur des mâts militaires,) la nature de l'armement et les particularités de forme permettant de reconnaître de loin le navire. Il est entendu que l'aspect général des bâtiments en temps de guerre, peut changer un peu par suite de la suppression des mâts de signaux, des bout-dehors, de certains cordages en avant des tourelles &... [1]

---

[1] Voir la Note IV à la fin de la rédaction.

Chapitre IV.

Des méthodes de réglage.

Le réglage du tir à la mer est particulièrement délicat. Il donne lieu à une organisation complexe; à des corrections nombreuses et constitue par suite une étude fort intéressante au point de vue de la conduite du tir en général.

Les méthodes de tir ont été réglementées pour la dernière fois par le „Manuel de tir de côte„ de 1888. Mais l'expérience les a fait trouver un peu compliquées. Elles ne sont plus employées. Depuis plusieurs années la „Commission d'Études pratiques de tir„ a étudié à Toulon des règles qui sont seules appliquées dans les écoles à feu actuelles et qui vont être prochainement rendues réglementaires dans un nouveau „Manuel„. Nous ne donnerons donc que les grandes lignes de ces méthodes.

§. IX. Généralités.

Principes d'ensemble.   La nécessité d'obtenir rapidement un tir efficace en

mer conduit à faire dès les débuts des corrections initiales éliminant de suite toutes les erreurs dont la
cause peut-être connue et mesurée. Ces corrections
sont faites d'autant plus largement que les instruments dont on se servira (pour la mesure de la
distance par exemple) seront moins précis. Dans ces
dernières années (depuis le manuel de 1888) on a
simplifié de plus en plus ces corrections dont la
mesure trop précise peut faire perdre plus de temps que
la suppression des premières fourchettes n'en fait gagner.

La nécessité de tirer vite sur un but mobile
a conduit à l'adoption des réglettes dont il a été
question plus haut. Elle a nécessité également
la répartition des corrections du réglage entre des
opérateurs différents. Elle a rendu nécessaire en outre
les commandements en distances supprimant les trans-
formations, et la substitution des tableaux d'affichage, aux
commandements oraux difficiles à entendre par le vent qui règne
souvent sur les côtes.

Réglage en Direction. Ce réglage ne peut guère être confié pour
les gros calibres, aux chefs de section qui placés
derrière de hauts épaulements ne peuvent pas
toujours observer leur tir. Il se fait par Batterie
mais est confié à un servant auxiliaire muni de
la "Réglette de direction". Il opère avec cet instrument comme il a été dit, mais ne fait de correction

qu'à la suite de 2 observations dont il prend la moyenne et à la condition que les 2 écarts soient de même sens. On évite ainsi les erreurs qui pourraient être produites par un coup anormal.

Il n'y a que dans le cas du tir des pièces de petit calibre (95, 90 &...) tirées sous épaulements qu'on rend le réglage en direction aux chefs de section, qui peuvent d'ailleurs faire usage de la „Réglette de direction ".

Corrections initiales.   Les corrections initiales destinées à simplifier les premiers tâtonnements du réglage, s'évaluent en unités du „ correcteur ". On les fait très-vite et par suite très-largement sous peine de les rendre plus nuisibles que les tâtonnements qu'on veut éviter. Toutes sont arrondies en multiples de 4 unités du correcteur ou de la dérive. En général elles sont plus sommaires dans le cas de la hausse dont le tir est moins assuré (à cause du temps perdu) que dans le cas de l'appareil de pointe.

Elles portent sur les causes suivantes:

1° Régime moyen et particulier — Le „ régime moyen " est l'influence que l'usure des pièces de la batterie, l'état des poudres &... ont sur le tir. On ne le mesure qu'exceptionnellement par un tir d'essai préliminaire (un fraction de la portée). On peut aussi le connaître par un tir effectif précédent.

Le « Régime particulier » est dû à l'usure ou à l'état d'une pièce déterminée. On doit l'évaluer par la fraction moyenne de portée qu'il fait perdre. On totalise le tout en divisions du « correcteur ». Souvent on néglige ces deux causes d'erreur.

2° Marée. — La correction d'altitude est donnée par la relation comme $n = \dfrac{200\,\Delta h}{h}$. (page 29) Il est bien entendu que cette correction n'a de raison d'être que dans le cas de l'appareil Deport.

Ces deux corrections sont totalisées et arrondies en multiples de 4.

3° Vent. — Le vent autrefois mesuré par des anémomètres est évalué à l'œil en vent longitudinal et en vent transversal, faibles, moyens et forts. On modifie le « correcteur » ou la « dérive » suivant les cas de 0, 4 ou 8 divisions. — Dans le tir à la hausse on ne fait pas de correction en portée (c'est-à-dire au correcteur) pour le vent, la précision des premiers coups n'étant pas assez grande.

4° Mouvements du but. — On a vu (page 4) que ces mouvements influaient sur le tir par le temps perdu, le temps mort et la durée du trajet. On a dit comment on pouvait éliminer le temps mort en pointant sur l'avant du navire. Pour éliminer le temps perdu et la durée du trajet, on admet d'une part que le mouvement du but est uniforme et constant pour tous les cas. On suppose aussi le temps perdu constant et —

égal à 30° pour le cas du tir à la hausse. On apprécie le sens de la marche du but suivant la ligne de tir et suivant une perpendiculaire à cette ligne afin de fixer le sens de la correction. Ceci posé on donne :

1° Appareil Deport : 8 divisions de dérive et 4 de correcteur, ce qui corrige la durée de trajet.

2° Hausse : 8 divisions de dérive et 8 de correcteur, ce qui corrige à la fois le temps perdu et la durée du trajet. (1)

L'ensemble de toutes les corrections précédentes est totalisé sur un carton préparé d'avance et portant des flèches indiquant très-simplement le sens des corrections à faire. Le total est arrondi au multiple de 4 et affiché s'il y a lieu. (1) Ce carton porte au revers des colonnes où l'on inscrit le sens de chaque coup et les corrections qui en résultent. (2)

§ -X- Conduite du tir.

1° Pièces munies de l'appareil Deport. (Batteries hautes seulement.)

1° Début du tir. — Calculer les corrections initiales. Afficher la Correction et la Dérive. Il n'y a naturellement aucune distance à indiquer, le pointage la mesurant automatiquement.

2° Conduite de tir. — Encadrer le but par des fourchettes de 4 puis de 2 divisions, du Correcteur. cette fourchette obtenue, augmenter de 1 division après tout

(1) Les graduations de l'appareil Deport et de la hausse sont telles que les corrections moyennes ainsi données produisent des variations deux ou trois fois plus fortes avec la hausse qu'avec l'appareil Deport, ce qui permet l'élimination du temps perdu.
(2) Voir à la fin de la Rédaction, Pl.II, un modèle de ce carton.

coup court et diminuer d'autant après tout coup long. Faire varier au besoin l'amplitude de ces bonds.

Si le but devient fixe chercher et vérifier la fourchette de 4 se mettre sur le milieu en vérifiant que −2 est court et +2 long et en faisant des bonds de 2 jusqu'à ce que cette vérification réussisse Faire un tir d'ensemble avec la hausse ainsi obtenue.

2: Pièces munies de hausses avec Télémètre (Batteries hautes et basses.)

Le seul télémètre réglementaire dans les batteries de côte dépendant de la Guerre est la « lunette de côte », on l'emploie en mesurant soit la dépression du but à l'horizon (Batteries hautes) soit la hauteur de mâture. (Batteries basses). Un auxiliaire fait les visées. Un autre transforme le nombre donné en distances, au moyen des Réglettes de correction et exceptionnellement au moyen des Tables.

Le tir est conduit de la manière suivante par le capitaine:

1: Début du tir. − Calculer les corrections initiales; faire une mesure de distance et afficher: la distance, la correction et la Dérive si on tire avec la hausse à correcteur; ou bien la Distance corrigée, et la Dérive si on tire avec les Réglettes.

2: Conduite du tir. − Les bonds se font d'après le même jeu de fourchettes que ci-dessus, mais en faisant mesurer à des intervalles convenables la .

nouvelle distance (sauf dans le cas d'un but évidemment arrêté). Dans le tir avec hausse à correcteur
il faut naturellement doubler l'amplitude des bonds
aux grandes distances (à partir de 3500ᵐ) (1)

Il est facile de voir par ce qui précède l'avantage du réglage par les Réglettes sur le Réglage
par la Hausse à correcteur. Le rôle des pointeurs
est très simplifié et la centralisation des corrections
présente des avantages qu'on a déjà fait comprendre.
Elle permet en outre de donner aux pointeurs des
indications toujours comparables même dans le
cas où les données initiales sont fausses. On citera
comme exemple le cas où on tire en prenant
comme base la parallaxe d'un mât de hauteur inconnue. En effectuant avec les réglettes les
opérations indiquées page (16) on arrive à des résultats simples montrant bien toute la souplesse des
méthodes de tir de côte.

Dans le cas où on se sert d'un télémètre autre
que la lunette de côte (Télémètre le Cyre par exemple)
on se sert de la Réglette simple à correcteur. On
peut aussi se contenter de cette réglette avec la
lunette si on dispose des Tables à double entrée.

Pièces munies de hausse sans Télémètre (Batteries hautes et basses)

Cette situation désavantageuse sera facilement
évitée puisqu'une lunette suffira comme télémètre.
Ce genre de tir ne s'applique donc qu'exceptionnel-

----

(1) Une division du correcteur de la hausse n'étant pas une fraction constante de la portée.

lement (par exemple pour les calibres de campagne). Il prend le nom de „ Tir de circonstance „

Le tir de circonstance se fait comme un tir de campagne sur un but mobile. On ne conserve des conditions initiales que la correction de dérive due au vent et au mouvement du but. Le réglage se fait ainsi :

Si le sens du mouvement est certain chercher la fourchette de 200, 400, ou 600^m (suivant la vitesse) tirer sur le coup court ou long suivant le sens de la marche du but jusqu'à ce que la fourchette soit franchie ; faire un nouveau bond et continuer ainsi. Modifier l'amplitude des bonds si c'est nécessaire.

Si le sens du mouvement est incertain : (ce qui a lieu généralement parcequ'il est lent ou nul) Se mettre sur le milieu de la fourchette de 100^m augmenter de 50^m après tout coup court et inversement. Si deux variations successives de 50^m ne font pas changer le sens du coup en déduire le sens du mouvement et opérer comme précédemment.

Ce tir par bond de 50^m est appelé „ tir de surveillance. „

Si le but est absolument fixe se mettre sur le milieu de la fourchette de 100^m. Vérifier que cette fourchette augmentée de 50^m est longue d'inversement. Faire un tir d'ensemble ; amenant des variations de 25^m au besoin.

Pièces de petits calibres faisant du tir fusant.

Le tir-fusant des pièces de petit calibre n'est autre qu'un vrai tir de campagne.

Commencer par un tir de circonstance comme ci-dessus. Les fourchettes obtenues, séparer la batterie en ne conservant qu'une section (ou une pièce avec du matériel à tir rapide) percutante. Prescrire aux sections fusantes de se régler à droite.

L'évent est réglé par les chefs de section, munis de la réglette de correspondance des hausses et des évents page 44. Les règles qui déterminent les corrections sont les mêmes que dans le tir de campagne.

Le réglage du tir percutant (tir de circonstance) étant fait sur la ligne de flottaison, doit être relevé d'une quantité convenable pour que la gerbe fusante atteigne, le pont et non la paroi verticale du navire. On a proposé à cet égard de régler dans ce cas particulier le tir percutant, sur le haut du bordage du navire, mais cette opération est aléatoire, le bordage étant en général mal défini.

Notes complémentaires.

Note I.

Sur la répartition de la défense des côtes entre les services de la Guerre et de la Marine.

L'ensemble de la défense des côtes vient d'être réorganisé par un décret récent (17 Février 1894) fixant la répartition de cet important service entre la Guerre et la Marine. Aux termes de ce décret, les côtes de France sont partagées en 19 secteurs (plus un en Corse et un en Algérie-Tunisie) placés sous le commandement d'officiers supérieurs ou généraux de la Marine (14) ou de la Guerre (5). Ces secteurs ressortissent aux cinq ports militaires et sont par suite sous l'autorité des préfets maritimes qui, en tant que chargés de la défense des côtes, dépendent du Ministre de la guerre. Les Commandants de secteurs ont sous leurs ordres les Brigades côtières, les corps de douaniers, les Batteries et ouvrages de côte, les sémaphores et même les navires de la défense mobile (Garde-côtes et torpilleurs) en cas d'attaque de leur secteur.

Les 5 secteurs commandés par des officiers de l'armée de terre sont ceux avoisinant les places fortes autres que les ports de guerre (Dunkerque, Nice &…)

En cas d'attaque, les commandants de secteur peuvent demander des troupes aux autres secteurs ou aux gouverneurs des territoires militaires. Ceux ci, s'il s'agit d'opérations plus importantes prennent le commandement des troupes

Note II.

Sur les divers genres de Batteries au point de vue spécial de l'action de l'artillerie

Les divers genres de tir à exécuter contre les navires et par-suite les types de Batteries qu'on peut avoir à établir sont les suivants.

Batteries destinées au tir de rupture. — Le tir de rupture se fait de très-près, contre les navires franchissant une passe, un goulet &… Il exige de gros calibres car on ne pourra souvent tirer qu'un seul coup qui devra arrêter le navire. Ce genre de tir, le plus simple de tous, ne dépend que de l'habileté du pointeur qui doit simplement mettre le feu au bon moment (1). C'est précisément le tir fait par les navires

(1) Certains canons de calibre de 37 m/m placés dans le goulet de Brest sont même placés sur des affûts ne comportant aucun pointage en direction. Le pointage vertical est juste suffisant pour parer aux variations d'angles de site dues à la marée.

les unes contre les autres.

Les Batteries de rupture se trouvent au ras de l'eau pour atteindre normalement les murailles. Elles doivent autant que possible, être défilées aux vues et aux coups éloignés et présenter en tout cas une protection sûre contre le tir des petits calibres des navires ennemis, qui en raison de leur faible distance, pourraient avoir sur eux une action efficace. Ces Batteries étant forcément à l'entrée, ou à l'intérieur des rades dépendent presque toutes de la Marine.

Batteries destinées au tir de Bombardement ou de Combat. Ce tir est celui de l'immense majorité des Batteries. Il a pour but d'atteindre un navire éloigné et manœuvrant. Il doit donc comporter un réglage assez laborieux ayant pour résultat d'atteindre le navire sans qu'on puisse en général en viser spécialement une partie déterminée.

Il y a lieu de rechercher comme emplacement des Batteries de Bombardement, celui qui peut donner le maximum d'efficacité au tir. À ce point de vue, il faut préférer les grandes altitudes et cela pour les raisons suivantes :

1º L'altitude permet de voir facilement de loin, les navires et les points de chute des projectiles, le champ de tir est plus étendu. (1)

---

(1) La distance de l'horizon embrassé d'un point d'altitude h est donné approximativement en lieues par l'expression $\sqrt{h}$, h étant exprimé en mètres.

2° Le tir sur un but mobile devant comporter, ainsi qu'on l'a vu de continuelles mesures télémétriques, l'altitude fournit pour cette mesure une base verticale d'autant meilleure qu'elle est plus grande. En particulier elle permet d'utiliser comme on le sait l'appareil de pointage automatique Béport.

3° L'altitude donne des chances d'atteindre en tir de plein fouet, les ponts, toujours plus faibles que les murailles verticales. Ces chances sont loin d'être illusoires. A 3000^m et avec un commandement de 100^m un canon de 24 cm Mle 75 (fig. 28) a la probabilité 0.2 d'atteindre le pont plutôt que la muraille verticale. Cette probabilité devient 0.6 si le navire est en long.

Fig. 28.

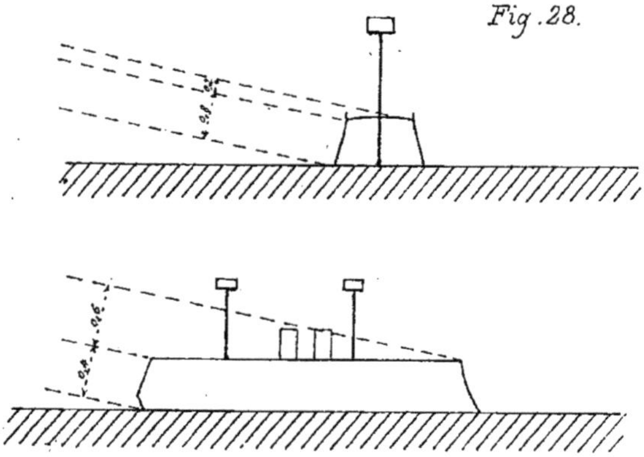

L'altitude rend en outre le tir plus plongeant. La grande vulnérabilité des ponts, encombrés d'ailleurs d'organes importants, rend de tels résultats fort précieux.

4° L'altitude diminue au contraire l'effet du tir

des bateaux sur les batteries. En effet si le but est élevé l'angle de projection est toujours considérable. Or les affûts marins ne se prêtent pas aux tirs de grands angles, surtout quand ils sont placés dans des réduits avec embrasures. Les affûts de certains cuirassés anglais type "Hercule" ne permettent pas des angles supérieurs à 6°.

6° En tous cas les angles de chute seront très-petits, et le tir peu dangereux. Les batteries très-hautes pourraient même se trouver au dessus de la flèche maximum de la trajectoire la plus élevée que permet l'affût (105^m pour le canon de 24^{c}m à + 6°) auquel cas elles seraient complètement à l'abri du tir des navires. Enfin l'incertitude du tir des bateaux augmente plus vite avec la distance que celle du tir des batteries (à cause du roulis). L'altitude qui forcera les bateaux à tirer de loin est donc tout à l'avantage des Batteries.

En résumé, aux petites distances un bateau ne pourra pas atteindre une batterie haute aux moyennes distances, son tir ne sera pas assez plongeant, aux grandes il n'aura plus de précision.

Par contre, l'altitude des Batteries a l'inconvénient de créer en avant un angle mort dû non-seulement au défilement aux vues, mais surtout à ce fait que les angles de tir minima permis par nos affûts ne dépassent pas − 5°. Or un canon de 24^{c}m à l'altitude de 100ᵐ pointé avec l'angle de $-5°$ a une portée de 900ᵐ. Un bateau en deça de cette distance serait donc complètement à l'abri. En pratique il sera nécessaire de flanquer ces angles morts par des batteries spéciales de petits calibres. La solution idéale consisterait à placer les batteries au sommet de longs glacis aboutissant à la mer. Il faut en outre organiser nos affûts en vue du tir aux angles négatifs. (1)

D'après ces considérations, on classe les Batteries de bombardement en batteries hautes (plus hautes que 30ᵐ sur l'Océan et que 20ᵐ sur la Méditerranée) et en batteries basses.

Batteries destinées au tir vertical.

Le tir vertical se fait pour défoncer les ponts. On ne le fera qu'exceptionnellement en raison de son peu de précision; il serait même tout-à-fait illusoire si les buts étaient mobiles. On le fait avec les mortiers. Les Batteries de tir vertical devront naturellement profiter de la forme des trajectoires pour se défiler en arrière des crêtes.

Il faut se garder de croire que les batteries de mortiers soient nécessairement des batteries de tir vertical. Beaucoup de batteries hautes sont armées de mortiers de 270 destinés au tir direct à la hausse.

---

(1) Les considérations précédentes sur l'altitude des Batteries de côte, sont empruntées en partie à une étude du Capitaine Fabre. Revue d'artillerie 1887.

On a vu que ce tir pouvait déjà devenir efficace contre les ponts (surtout avec d'aussi gros calibres.)

Batteries de pièces de petits calibres.   Le tir des pièces de petit calibre, (pièces de campagne) a pour but surtout de faire du tir fusant sur les ponts. Dans certains cas aussi le tir d'obus à mélinite de 90 et de 95 pourra être efficace contre les bateaux peu cuirassés, croiseurs &... Enfin les canons de campagne pourront être employés au flanquement des angles morts des batteries hautes. En tous cas les emplacements pourront être organisés très simplement ou même ne pas l'être du tout

Quelles qu'elles soient, les Batteries de côte ne doivent pas comporter trop de pièces. Le tir de côte entraînant des modifications continuelles, on doit en principe laisser, d'un coup à l'autre le temps nécessaire à la durée du trajet et au calcul des corrections. Avec un matériel actuel en bon état, 4 pièces par batterie suffisent pour que chaque pièce soit prête au moment où son tour arrive. Si on a plus de pièces, on pourra les tirer par salves ou isolément en ne prescrivant les corrections que de temps en temps. Il en résultera une certaine continuité de tir qui sera avantageuse.

Mais ce qu'il faut bien se garder de faire, c'est de constituer des batteries formées de groupes de pièces de calibres distincts, rendant impossible tout réglage. Avec un matériel à tir rapide (Ex. affût de 95 de côte) on peut adopter des batteries moins nombreuses.

Note III.

Sur l'armement des Batteries de côte.

L'armement des Batteries de côte doit être entiè-rement en place dès le temps de paix, en raison de la rapidité possible d'une attaque par mer. (Il faudrait 12 heures à une escadre italienne pour se rendre du camp retranché de la Maddalena (Sardaigne) à Toulon.

Le matériel employé dans les Batteries de côte varie avec le but du tir et avec les ressources disponibles.

La Guerre et la Marine y emploient respective-ment leurs calibres qui sont les suivants :

Batteries de la Guerre :

Canons de 240, de 155L de 120 et de 95 Canons de campagne — Canons de 24 Mle 76, et de 19 (anciens canons de la marine transformés.

Mortiers de 270 de côte et de 220.

Ces bouches à feu sont approvisionnés avec leurs obus habituels, la proportion d'obus à mélinite étant assez grande. Le nombre total des coups est faible en raison du peu de durée probable de l'attaque d'une place par mer.

Ces canons sont assez bons, malheureusement

ils sont généralement montés sur des affûts forts lourds, peu maniables, ne permettant pas une grande précision de pointage. Le meilleur à ce point de vue est l'affût récent de 95 de côte qui permet de tirer facilement 3 ou 4 coups à la minute. (voir organisation des affûts, Juin 1893, page 140).

Batteries de la Marine.

La Marine arme ses Batteries de côte avec toute la série de ses calibres, à savoir :

Canon de 34, 32, 27, 24, 19, 14, 10 et 9 ℃.

Mortier de 30 ℃ et obusier de 22 (ancienne pièce encore employée)

L'approvisionnement est peu abondant. Les canons sont bons mais les affûts sont la plupart du temps aussi lourds et aussi peu maniables que les nôtres.

Terminons cette étude des Batteries de côte au point de vue de l'Artillerie, en disant qu'elles existent en nombre extrêmement considérable (100 à 150 ouvrages ou Batteries environ pour un seul port comme Brest ou Toulon) Si on considère la médiocre valeur du matériel qui les arme souvent et le peu de préparation du personnel qui on y mettra, on sera peut-être amené à penser qu'un petit nombre de batteries bien placées, bien servies, et armées d'un matériel à tir rapide vaudrait mieux à tous égards. Malheureusement ce qui existe n'entraîne pas de dépenses, et ce qui n'existe pas, coûte à établir .

Note IV.

Sur les renseignements relatifs aux navires de guerre. [1]

Ces renseignements sont nécessaires pour comprendre les « Feuillets signalétiques » des Bâtiments dont il a été question dans le texte. Page 46.

Donnons d'abord quelques définitions ou notions générales :

Déplacement et Tonnage. — On appelle « Déplacement » le volume d'eau que le navire déplace en mètres cubes ou « Tonneaux ». C'est aussi son poids en tonnes. Le Déplacement est la caractéristique ordinaire des navires. Les plus grands cuirassés actuels sont de 16000 tonneaux (« Italia » et « Lepanto » en Italie). Le tonnage est l'ensemble du poids qu'un navire peut transporter. Le tonnage n'a de sens que pour les Bâtiments du commerce.

Unités de Distances et de Vitesses. — Les distances en mer se comptent en milles. Un mille vaut 1 minute du méridien soit 1852ᵐ [2] Les vitesses s'expriment en noeuds. Un navire file n noeuds quand

---

(1) Plusieurs des renseignements suivants sont empruntés au cours de tactique navale de l'École de Guerre 92-93.

(2) Cette unité est conservée par la marine parcequ'elle facilite les calculs nautiques.

il fait n milles à l'heure. Exemples :

1 nœud – 1852^m à l'heure – Environ 0^{m}50 à la seconde.

3 nœuds – 5550^m à l'heure – Homme au pas.

8 nœuds – 14800^m à l'heure – Trot de 240^m – Bon voilier.

14 nœuds – 26000^m à l'heure – Galop de 443^m – Cuirassé d'escadre.

20 nœuds – 37000^m à l'heure – Galop de 616^m – Vitesse maximum

pratique des navires –

27 nœuds – 50000^m à l'heure – Vitesse maximum fournie aux essais

par un torpilleur.

Puissance des machines et Rayon d'action. – Les machines marines sont en général d'une extrême puissance. Les chaudières tiennent une place énorme, il en résulte qu'elles constituent un danger de premier ordre pendant le combat. Elles doivent donc être protégées à tout prix. Les plus grands cuirassés ont des machines allant jusqu'à 15 ou 16000 chevaux[1] (Italia et Lepante) (Sur les cuirassés ordinaires, le nombre représentant le déplacement en tonneaux, ne s'éloigne jamais beaucoup de celui indiquant la puissance de la machine) Cette puissance entraîne une dépense de charbon énorme. Aux grandes vitesses, les machines dépensent près d'un kilog. de charbon par cheval et par heure. L' "Italia" consomme donc en pleine marche, environ 15000 kilog. de charbon par heure soit 360.000 kil. par jour. Il suit de là une importante conclusion tactique : Un navire actuel ne peut plus comme autrefois se lancer dans des expéditions lointaines,

---

(1) A titre de comparaison on rappellera que l'usine entière du Creusot avec la multitude de ses machines emploie une force motrice totale qui ne dépasse guère 20000 chevaux.

s'il n'a pas des dépôts de charbon assurés le long de sa route. On appelle " Distance franchissable à n nœuds, ou Rayon d'action " la distance maximum que peut parcourir un bateau à cette vitesse sans se ravitailler. (En général on prend $n = 10$). Cette donnée est fort importante. Nos navires ne sont pas très-favorisés à ce point de vue. Les distances franchissables diminuent très-vite quand le nombre n augmente [1]

Facultés nautiques. Bien qu'elles n'entrent pas dans le cadre de cette étude, notons que ces qualités : vitesse, stabilité, roulis, facilité d'évolution, seraient très-sérieusement modifiées par un projectile créant une voie d'eau même localisée, si bien qu'un navire indestructible par l'artillerie pourrait être immobilisé par quelques coups heureux. A ce point de vue l'arrière qui porte toujours deux hélices (à droite et à gauche) et le gouvernail est la partie la plus sensible. c'est là qu'il faut chercher à frapper.

Sans entrer dans l'étude de l'organisation des navires et de leur protection contre l'artillerie, étude déjà faite au cours de Fortification permanente, nous nous contenterons de donner la classification suivante nécessaire pour comprendre les « Feuillets signalétiques. »

____

[1] Les cuirassés français actuels ont une distance franchissable à 10 nœuds de 3000 milles environ (Distance de Brest à Toulon, aller et retour). Le renouvellement de l'eau d'alimentation des chaudières peut également, au même titre que le charbon, restreindre le rayon d'action des navires.

Classification des navires.

1° Cuirassés d'escadre.— Navires très-puissants, comme personnel, artillerie, protection et vitesse. Déplacements : en France 10 à 12000 tonneaux ; (En Angleterre et en Italie on a construit des cuirassés de 15 à 16000 Tonneaux). Longueur 100 à 120^m largeur 20 à 22^m Tirant d'eau : 8 à 10^m Vitesse : 14 à 18 nœuds. Artillerie : 2 à 4 canons de gros calibres (30 ^{c/m} environ) [1] 8 à 12 canons de moyen calibre (14 ^{c/m} environ) à tir rapide, un nombre très-variable de petits calibres.— Éperon de choc— Un à six tubes lance-torpilles. Équipage : 4 à 600 hommes.— Rayon d'action : 3 à 5000 milles. Les Cuirassés d'escadre suivant leur importance sont classés en cuirassés de 1er ou de 2e rang.— Certains cuirassés rapides et moins puissants prennent le nom de cuirassés de croisière.

2° Croiseurs.— Navires analogues aux précédents comme dimensions et même comme déplacement, mais chez lesquels les qualités nautiques l'emportent sur les qualités défensives ou offensives. Sont destinés à faire à de grandes distances la chasse aux navires de commerce ennemi. D'où grands rayons d'action (Maximum : croiseur américain en construction : "Columbia" 25500 milles) Grandes vitesses : 18 à 20 nœuds. Artillerie faible : une dizaine de canons à tir rapide de 10 à 14 ^{c/m} environ. Tubes lance-torpilles.— Se distinguent

____

[1] Voir École d'application. Organisation des affûts. Juin 1893 - Pages 146 et suivantes.

Tir de Côte

en croiseurs cuirassés et croiseurs protégés (sous cuirasse mais avec pont blindé)

Éclaireurs. — Les éclaireurs sont des croiseurs plus petits, ayant un rayon d'action plus faible mais une vitesse au moins égale. Destinés à accompagner et à éclairer les escadres. Artillerie de petits calibres. Déplacement 2000 Tonneaux environ, vitesse 20 nœuds.

Torpilleurs — Navires très-petits n'ayant d'autre arme qu'un ou deux tubes lance-torpilles.(1) Sur ces bateaux tout même la Stabilité est sacrifié à la vitesse qui, malgré leurs faibles dimensions, peut atteindre 20 à 25 nœuds (maximum le Forbin en construction en France, vitesse prévue 30 nœuds) — Ceux destinés à la défense des côtes sont très-petits: Déplacement inférieur à 80 tonneaux, leur rayon d'action est aussi très-faible Les torpilleurs dits de haute mer sont analogues mais plus puissants. Les contre-torpilleurs destinés à poursuivre et à détruire par leur artillerie les torpilleurs ennemis, constituent le terme le plus élevé de cette série.

Outre ces types principaux, il existe en petit nombre les types secondaires suivants:

Garde-côtes. — Navires dont le rôle n'implique pas de grandes qualités nautiques. Dimensions un peu inférieures à celles des cuirassés d'Escadre. Beaucoup de cuirassements et de grosse artillerie. Peu de vitesse;

---

(1) Voir au sujet de ces Torpilles dites Torpilles automobiles la Note F.

petit rayon d'action, faible équipage &... Ces caractères sont forcément vagues et aujourd'hui on construit des types de garde-côtes qui sont de véritables cuirassés d'escadre.

Canonnières. — Petits navires armés d'un seul canon de 10 à 14 ⅜ et dans lesquels on a tout sacrifié à la faiblesse du tirant d'eau. Ils sont destinés à opérer sur les côtes et dans les rivières. La canonnière ou Bateau-canon opérant en pleine mer avec un seul canon à tir rapide comme un torpilleur est une idée séduisante malheureusement pas pratique à cause des mouvements de roulis et de tangage que subissent tous les petits navires, et qui sont incompatibles avec un bon tir.

Transports. — Grands navires destinés au service des colonies. N'ont aucune valeur défensive ou offensive en dehors de leur vitesse. Peuvent servir à transporter des troupes et à approvisionner les escadres. (1)

Navires du commerce. — Les navires actuels des grandes compagnies de navigation sont réquisitionnés d'avance au même titre que les chemins de fer, les chevaux et voitures &... Les compagnies de navigation sont obligées en échange de certains avan-

---

(1) Certains transports sont même aménagés pour porter sur le lieu d'un combat des torpilleurs (plus qu'à 10 à la fois) que leur faible rayon d'action empêche de s'aventurer au loin.

tages ou monopoles, de préparer dès le temps de paix l'installation de canons à tir rapide qui permettraient de les employer en guerre comme Croiseurs, Éclaireurs, ou transports. La flotte de commerce Anglaise par exemple presque aussi nombreuse à elle seule que toutes les flottes de commerce du monde réunies, fournirait dans une guerre maritime un appoint des plus redoutables.

Note V.

Sur les Torpilles automobiles Whitehead.

On a vu dans le cours de Fortification permanente ce qu'étaient les Torpilles fixes (de fond et dormantes) dont on sème une passe qu'on veut interdire. Nous donnons ci-dessous une description sommaire des torpilles mobiles dont l'analogie avec les projectiles de l'artillerie et l'organisation complexe ne saurait manquer d'intéresser des officiers d'artillerie.

Ces Torpilles comprennent :

1º Des torpilles portées, ou boîtes chargées de fulmi-coton (12 à 18 Kilog.) placées à l'extrémité d'une hampe de 10ᵐ environ placée à l'avant d'un canot à vapeur. L'opération consiste à aller placer la torpille au contact de la paroi du navire ennemi et à la faire détoner à ce moment par l'électricité. L'opération est

simple mais dangereuse; la longueur de 10^m de hampe suffit pour que le canot ne soit pas endommagé.

2° Des torpilles automobiles Whitehead (prononcez
Oueittède)   Ces engins sont de véritables obus dont la
description nous entraînerait trop loin, mais dont on va
donner le principe.

La Torpille a la forme d'un cigare long de 5^m
portant à l'avant une charge de 20 à 80 Kilog. de fulmi-
coton avec fusée percutante (1); au milieu et à l'arrière
une machine complète à air comprimé avec hélices et
gouvernails pouvant donner à la torpille sous l'eau
une vitesse propre de 25 à 30 nœuds, pendant 800^m environ.

La torpille est lancée par une sorte de canon
mince qu'on charge par l'arrière et appelé Tube-lance-
Torpille. Ce tube n'a d'autre but que de jeter
la torpille à l'eau horizontalement
sans lui donner de vitesse sensible.
Autrefois la chasse de la torpille

Fig. 39.

Lancement de la torpille

Coupe a b.

____

(1) Cette fusée est munie à l'avant d'une petite hélice dont la rotation
(due à l'action de l'eau) est nécessaire pour armer la fusée. L'engin ne
peut ainsi détoner que quand il a déjà fait un petit parcours dans l'eau.

était produite par de l'air comprimé. Aujourd'hui on se sert d'une petite gargousse de poudre, ce qui est plus simple. Il n'en résulte pour les hélices ou gouvernails de la Torpille aucune dégradation sensible.

Si la torpille sortait du tube comme un obus d'un canon, la partie antérieure s'abaisserait la première (à cause de son poids) ce qui pourrait d'abord fausser la torpille (à cause de sa longueur) au moment où la queue serait encore engagée dans le tube. En outre si la pointe entrait dans l'eau la première, il y aurait dans le cas d'une torpille lancée latéralement, une déviation, due au mouvement propre du navire. Pour éviter ces deux effets la torpille porte au dessus de son centre de gravité un T qui glisse dans une rainure longitudinale rr placée en haut du tube. Celui-ci se prolonge vers l'avant par une cuillère C (voir figure 29) de sorte que la Torpille est libérée tout d'un coup au moment où le T sort de la rainure et alors que sa partie inférieure n'est plus soutenue par le tube. Elle tombe donc à plat dans l'eau dans la direction exacte du tube, et se meut dès lors horizontalement par suite de son organisation propre que nous allons indiquer.

La figure ci-contre donne la répartition des divers organes de la Torpille. Le moteur comprend un réservoir d'air comprimé et en arrière une

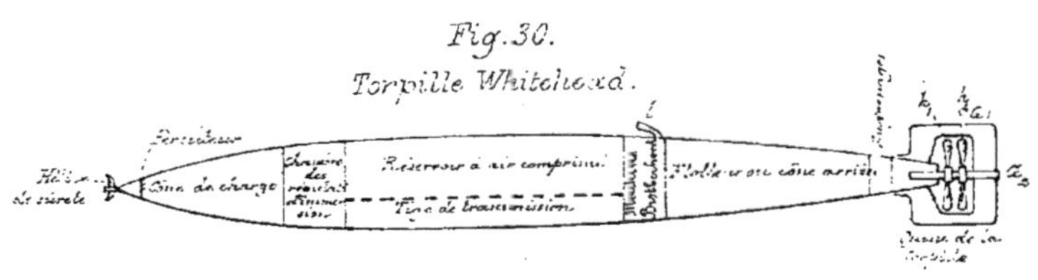

Fig. 30.
Torpille Whitehead.

machine Brotherhood à 3 cylindres conduisant 2 hélices k_1, k_2 concentriques, identiques mais de pas et de rotation inverse (s'il n'y en avait qu'une, sa rotation donnerait à l'ensemble de la torpille une inclinaison nuisible au jeu des deux gouvernails dont on va parler). Un levier l qui s'ouvre au moment où la torpille tombe à l'eau, provoque la mise en marche de la machine en y faisant pénétrer l'air.

La Torpille comprend à l'arrière deux gouvernails : L'un vertical G_1 a pour but d'assurer la marche de la torpille dans le plan vertical de visée. Il est toujours immobile, mais doit être réglé après fabrication pour chaque torpille. L'autre G_2 horizontal est mobile pendant la marche et doit assurer le maintien de la torpille à 3^m au-dessous de l'eau (pour être sûr d'atteindre le navire dans ses parties non cuirassées).

Ce résultat est obtenu par l'action sur le gouvernail G_2 de deux organes placés dans la chambre des régulateurs ;

1° Un piston hydrostatique qui relève le gouvernail (et par suite l'avant de la Torpille) dès que la pression de l'eau augmente, c'est-à-dire dès que la profondeur s'accroît.

2° Un pendule qui agit de même quand l'axe de la torpille s'incline vers le bas ou vers le haut.

Ces deux actions sont transmises à G_2 par un servo-moteur, au moyen de tringles traversant tout l'engin.

Le piston et le pendule sont nécessaires à la fois car : Si le piston était seul, la torpille remonterait et s'enfoncerait en oscillant indéfiniment autour de sa position moyenne.

Si le pendule était seul, il ne tendrait pas à déplacer la torpille placée horizontalement à une profondeur autre que 3 mètres.

Les deux actions se combinent donc de façon à être concordantes ou discordantes suivant que les deux défauts de profondeur et d'inclinaison s'ajoutent ou non.

En définitive la torpille lancée tombe à l'eau horizontalement et après une série de plongeons et de relèvements qui s'éteignent très-vite prend une marche uniforme à une profondeur fixe, le tout dans le plan vertical de tir, quelque soit la direction du tube par rapport à l'axe du navire qui lance.

Les tubes lance-torpilles servent à armer les torpilleurs (1 ou 2 tubes à l'exclusion de toute autre arme) les grands navires (de 5 à 6 tubes par cuirassé au maximum) et même les extrémités des môles, digues &... près desquels un navire ennemi pourrait être appelé à passer.

Note VI.

Sur l'appareil Fiske.

L'appareil Fiske (officier de la marine américaine) est un Télémètre à grande base. Deux opérateurs étant, l'un en B (à la pièce) l'autre en A à une certaine distance connue, visent le but N avec une lunette mobile sur une planchette.

Soient A et B les deux postes. | La planchette de B porte une carte de la région sur laquelle est représentée à une certaine échelle le poste A et

Fig. 31.

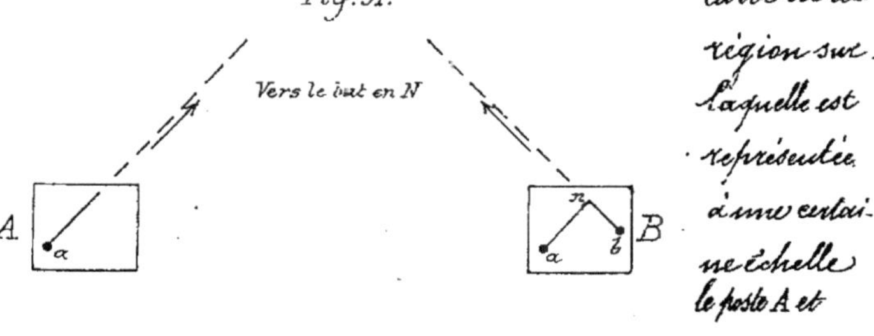

la batterie.) Supposons-nous en B. L'observateur B pourra au moyen d'une visée tracer sur sa planchette la direction Bn. En a est une réglette pouvant pivoter autour de ce point. Il suffirait de la placer parallèle à la lunette de A pour avoir par recoupement sur la planchette B la position n du navire et par suite sa distance.

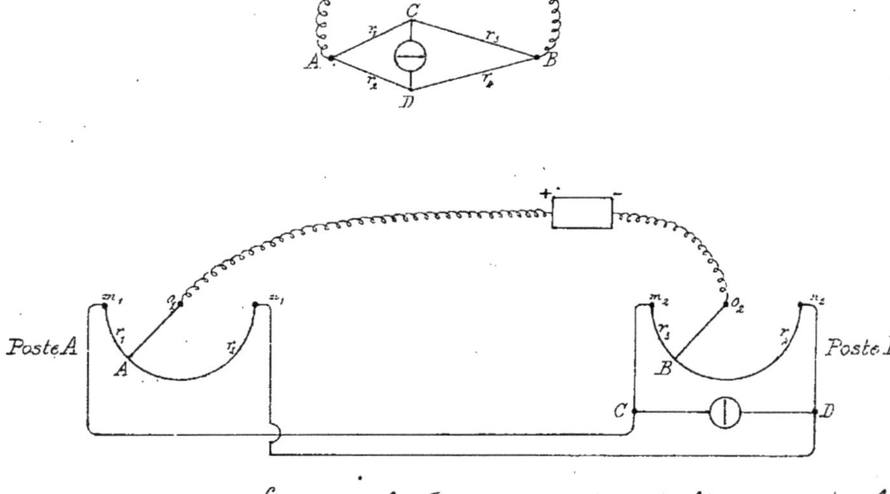

Fig. 32.

L'appareil Tisthe a pour but d'obtenir ce parallélisme. Il est basé sur le principe du « pont de Weahstone » que nous rappellerons: Soit un courant marchant de A en B par 2 dérivations A CB et ADB. Joignons CD par un fil traversant un galvanomètre. Si on fait varier les résistances r les portions de circuit. Le courant dérivé de C en D variera et deviendra nul quand les potentiels en C et D seront égaux, c'est-à-dire quand on aura $\dfrac{z_1}{z_2} = \dfrac{z_3}{z_4}$

Ceci posé, la lunette de A se meut autour de O_1 sur un cercle de grande résistance électrique. La réglette de B se meut autour de O_2 sur un cercle analogue. Un courant réunit O_1 à O_2 par un fil de résistance négligeable. Deux fils également sans résistance relient d'une part M_1 à M_2, de l'autre n_1 à n_2. Au poste B un fil traversant un galvanomètre réunit deux points quelconques C et D de ces 2 courants. Il est facile de retrouver sur la figure le schema du pont de Weahstone (les lettres sont les mêmes). Si l'observateur B fait mouvoir sa réglette autour de O_2 il modifie les résistances z_3 et z_4 (qui sont proportionnelles aux longueurs des arcs) et l'aiguille du galvanomètre variera. Au moment où elle sera au 0 on aura reproduit la fig. ci-dessus, on aura :

$\dfrac{z_1}{z_2} = \dfrac{z_3}{z_4}$ et par suite la réglette de B sera parallèle à la lunette de A.

Cet appareil a été essayé un peu partout. Il a été appliqué par son auteur à de multiples questions, entre autres au pointage à distance de plusieurs pièces par un opérateur unique. On en a fait des télémètres pour navires avec la longueur du navire comme base. Il a été rejeté en France à cause du vice rhédibitoire des Télémètres à grande base.

Note VII.

Sur le pointage à la butée de l'appareil Deport. (1)

La semelle de l'appareil Deport comprend outre le pivot π, une deuxième pivot π' qui peut se fixer à droite ou à gauche de S dans la rainure γ δ. Il sert à faciliter le pointage en direction dans le cas où l'affût ne permettrait que des mouvements saccadés et peu précis. A cet effet on déplace π, comme d'habitude et on amène π' contre l'encoche g ou r située du côté où marche le but. Si on immobilisait le tout, il suffirait de pointer comme d'habitude et somme toute π' ne servirait à rien. Pour utiliser π' on desserre π, et on dirige, la ligne de mire à une certaine distance en avant du but. On arrête alors l'affût et on suit le but simplement en déplaçant l'appareil autour de l'ergot. Au moment où π' bute contre g ou r il est clair que le pointage est obtenu. Il n'y a plus qu'à tirer.

(1) Voir la Pl. I.

Note VIII.

Sur l'emploi de l'appareil Deport comme Télémètre simple.

Les bons résultats obtenus dans ces derniers temps par le tir à la hausse avec distance mesurée et l'erreur considérable qu'entraîne toute incorrection de pointage avec l'appareil Deport a conduit à essayer le remplacement dans les batteries des appareils Deport par les hausses, un seul de ces appareils étant conservé comme télémètre. À cet effet, on l'installe sur un faux tourillon monté sur deux axes convenables. On déplace ces axes de façon à pointer la lunette. On lit alors la distance marquée par l'appareil et c'est elle qu'on transmet avec la correction du tir, ou toute corrigée si on dispose de Réglettes. L'appareil ainsi manié donne moins de chances d'écart en portée, que les pointages sur véritable affût fait avec le même appareil par des pointeurs multiples. Malheureusement, l'opération n'élimine pas le temps perdu. En tout cas la méthode est utile à connaître pour le cas où on n'aurait pas de lunette entre les mains. Elle éviterait le tir de circonstance.

Note IX.

Sur l'appareil Déport à altitude variable.

L'appareil Déport décrit dans les feuilles a été récemment remanié par son auteur qui lui a apporté l'importante modification suivante :

Au lieu de faire les corrections dûes au réglage et à l'altitude (marée) sur le « Correcteur », on ne fait sur cette partie de l'appareil que les corrections du réglage. De ce fait la coulisse double où se meut le curseur comprenant l'axe 0 est beaucoup plus courte. Elle ne porte que des graduations en $\frac{1}{200}$ de la portée. Les dimensions en longueur de l'appareil entier sont diminuées d'autant. Les corrections dûes aux variations d'altitude se font par des déplacements du

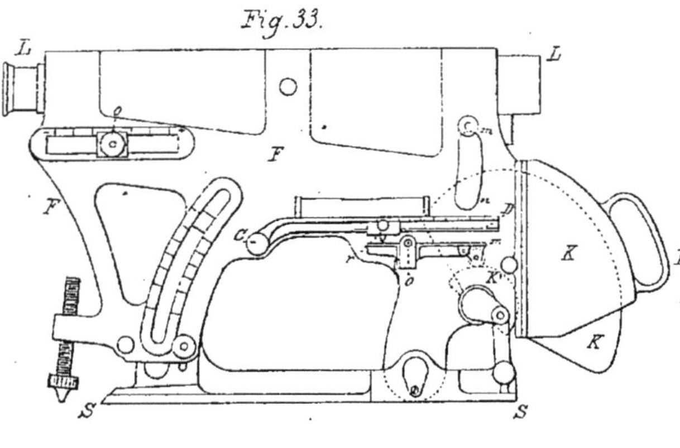

Fig. 33.

niveau du bâti fixe F d'après le principe suivant:

Soit un abaissement Δh du but. $\frac{\Delta h}{P}$ est l'augmentation de l'angle de dépression. Pour que l'appareil fonctionne pour cette nouvelle position, il faut que le canon, la lunette et par suite tout l'appareil s'abaissent de $\frac{\Delta h}{P}$ (1). Supposons cette rotation effectuée et pour que la bulle revienne entre ses repères relevons le niveau par rapport au bâti de cette même quantité $\frac{\Delta h}{P}$. On sera bien placé dans les conditions voulues pour atteindre le but. On voit qu'en pratique il suffira de déplacer le niveau sur son support de $\frac{\Delta h}{P}$ et de faire les opérations ordinaires du pointage à savoir: agir sur la vis V de façon à ramener la bulle entre ses repères et pointer sur le but. On a bien ainsi donné au canon la même position que tout à l'heure car à une position donnée du bâti et de la lunette ne peut correspondre qu'une seule position de la semelle et par suite du canon.

Cette manière de corriger l'altitude, et par suite la marée par des variations initiales de niveau donne donc une solution exacte et non une solution approximative ainsi qu'il a été dit page 28 pour l'appareil ordinaire.

Reste à savoir comment on exécutera cette variation du niveau pour qu'elle puisse servir pour toutes les dis-

---

(1) En admettant pour cette petite variation le principe de la rigidité de la trajectoire.

tances de tir. Le niveau est porté par un support CD qui peut tourner d'un petit angle autour d'un axe C. Ce support appuie par une saillie mobile z sur un fléau om mobile autour d'un axe O. L'extrémité m appuie sur une petite came K' dite came de correction et calée sur la grande came K de l'appareil.

Quand z est sur O l'appareil fonctionne comme l'appareil réglementaire décrit dans le cours. Il est alors réglé pour l'altitude normale h. Quand z est à l'extrémité du fléau supposée cotée 10^m par exemple[1], à chaque distance ou angle de tir c'est-à-dire à chaque position de la came correspond une certaine valeur de $\frac{\Delta h}{P}$ c'est-à-dire une certaine position du niveau, et du fléau, on en déduit le tracé de la came.

Or on démontre qu'avec cette même came, il existe pour toute variation d'altitude Δh de 0 à 10^m une position du curseur dépendant uniquement de cette variation d'altitude et indépendante de la portée. On peut ainsi tracer sur la base du niveau (le long de laquelle se meut z) une graduation en altitudes exacte pour toutes les portées.

L'usage de l'appareil est donc identique à celui de l'appareil normal, sauf qu'on doit débuter par mettre la saillie z en face de l'altitude du moment, soit que la marée ait changé, soit qu'on ait transporté tout l'appareil d'une pièce à une autre d'altitude différente.

---

[1] Cette graduation qui représente les valeurs Δh ci-dessus est tracée non sur le fléau OM mais sur le support CD sur lequel se déplace le curseur portant la saillie z.

En outre, le nouvel appareil présente plusieurs perfec-
tionnements de détail. Les dimensions sont plus restreintes,
les organes mieux protégés. Il n'y a plus de coulisseau, l'avant
de la pièce L porte un galet s'appuyant directement sur une
came agrandie. Le guidage est obtenu par l'appui antérieur
du Côté L sur une coulisse circulaire mn. La lunette présente
aussi quelques modifications de détail. Cet appareil est
encore à l'étude.

Note X.

Sur quelques résultats obtenus dans le tir à la mer.

L'efficacité des méthodes données ci-dessus ne peut
être appréciée que par des résultats de tir. On donnera
les quelques exemples suivants obtenus en Janvier 1893
au Cours pratique de tir de Toulon.

Les tirs étaient faits sur un radeau surmonté d'un
panneau vertical et remorqué par un vapeur à la vitesse
de 6 nœuds environ.

Les tableaux ci-dessous indiquent pour un certain nombre
d'écoles, le nombre total des coups
tirés et le nombre des coups tombés
dans les bandes A et $B_1 + B_2$. En admet dans le tir qu'un coup

Fig. 34.

tombant au pied du panneau représente le milieu de l'espace AE défini par la figure ci-contre.

Pour un grand cuirassé $CD = 7^m$ et $BC = 20^m$ environ ce qui, à la distance de 3000^m, et avec le canon de 24^m donne $AE = 90^m$ environ. On a négligé les écarts en direction très petits dans le cas d'un navire de profil. On sait d'ailleurs que la chance d'atteindre un bateau de profil est plus petite que celle d'atteindre un bateau vu de face. Les résultats ci-dessous sont donc des minima.

Fig. 35.

I. **Appareil Deport.**

Canons de 19. Batterie de 4 pièces. Altitude 21^m.

Nombre de coups tirés.	Nombre de coups tombés			Distance de tir moyenne	Intervalle moyen entre 2 coups
	en A	en $B_1 + B_2$	au delà		
22	7	4	11		
71	10	20	41		
63	23	13	27	2850	41 secondes.
91	23	28	40		
75	22	28	25		

Canon de 24. — Altitude 71 mètres.

31	19	8	4	3200	$1^s 18$
40	32	4	4		
33	14	3	16	4500	$1^m 9^s$.
37	13	8	16		

II. Appareil Deport employé comme Télémètre
Canon de 19. Distance moyenne 2850 - Altitude 21ᵐ

Nombre de coups tirés	Nombre de coups tombés			Distance de tir moyenne	Intervalle moyen entre 2 coups.
	en A	en $B_1 + B_2$	au delà		
15	4	7	4	2850	"

Même tir avec mortiers de 270

| 35 | 13 | 11 | 11 | 2850 | " |

III. Lunette de côte (avec aiglette d'altitude) alt. 21ᵐ
Canon de 19 %ₘ.

56	7	20	29	} 2850	47ˢ
38	16	12	10		
35	19	16	6	3050	25ˢ

Tir analogue - Altitude 10ᵐ 75.

| 69 | 35 | 23 | 11 | 3050 | " |

Canon de 240 - altitude 56ᵐ

17	5	1	11	.	1ˢ.30
14	6	2	6	.	1ˢ.23
19	10	3	6	"	1ˢ.13.

IV. Tir avec le Télémètre Le Cyre.
Canon de 19 %ₘ.

59	11	37	14	} 2850	1ᵐ 00
70	27	12	31		
15	8	7	"	} 3050	44ˢ.
70	24	0	37		

Nombre de coups tirés	Nombre de corps tombés			Distance de tir moyenne	Intervalle moyen entre 2 coups
	ou A	ou $B_1 + B_2$	au-delà		
Même tir, la nuit (¹)					
9	"	"	"		$1^m 38^s$
11	3	2	6		1.34
10	2	5	3	2500ᵐ	1.13
10	3	5	2		1.00
V.— Tir de Circonstance — Canon de 95.					
97	33	21	43		45^s
96	31	31	34		45
182	58	68	56		38
143	35	42	66	2500	47
83	32	17	34		50
146	43	39	64		25
78	20	14	14		16
24	3	12	9		23

L'ensemble des tableaux ci-dessus est de nature à donner confiance dans la justesse du tir de côte. Il y a li[eu]

(1) La nuit, le but est semblable à celui du jour; on place seulement un groupe de 3 lanternes rangées au milieu du panneau. Le remorqu[eur] reçoit des lanternes distinctes pour éviter les accidents. L'occultation des lanternes par la gerbe d'eau ou réciproquement rend assez facile l'obse[rvation] des corps quand le tir est bon en direction.

d'en rapprocher les résultats des effets que peuvent donner contre les navires les obus à mélinite dont la dota-
tion est assez importante dans les Batteries de côte.
En effet ces obus fort efficaces dans le tir contre des murs
et des terres, le seront vraisemblablement beaucoup plus contre
les navires. On sait en effet que ceux-ci sont aujourd'hui
en grande partie décuirassés, c'est-à-dire que le cuirasse-
ment, surtout à l'étranger, se réduit à de fortes et lourdes
plaques protégeant la flottaison et quelques organes spéciaux
tels que les tourelles pour gros calibres. Ces plaques sont
peu attaquables par les obus à mélinite. Mais les 4/5
environ de la surface du navire n'est protégée que par
une paroi métallique insuffisante pour résister à la
pénétration des obus à explosifs actuels. Ces obus iront
éclater dans l'intérieur du navire, là où l'espace est li-
mité par une foule de cloisonnements faisant cour-
rage et où à chaque pas se trouvent des organes dé-
licats: Transmissions, Tuyaux, Ascenseurs, &.... Sans
compter un personnel nombreux et condensé. L'effet des explosifs dans ce cas sera tout différent de ce
qu'il est à l'air libre et il est à supposer que quelque coups, sans toucher à ce qu'on appelle les "œuvres
vives." feront dans l'intérieur des "Œuvres mortes," des
dégâts de nature à gêner singulièrement la marche, la manœuvre, ou le tir du bateau.

Ces considérations montrent la grande part
que peut prendre l'artillerie dans la défense des

côtes à la condition toutefois que le personnel employé soit rompu aux méthodes de tir ci-dessus
sans lesquelles tous les résultats deviendraient
complétement illusoires.

Table des Matières.

	Pages
Introduction	1
Chapitre 1er. - Du tir à la mer	3
§. 1er Conditions de ce tir	3
Difficultés	3
Facilités	4
Organisation qui en résulte	4
§. II. Instruments de mesures de distances	6
Télémètres à grande base	6
Télémètres à petite base - Télémètre le Cyre	7
Télémètres à base verticale - Télémètre Audouard	10
Lunette de côte	13
Chapitre II - Appareil de pointage automatique - (appareil Deport.)	17
Principe	17
§. III. Description	18
Ensemble de l'appareil	18
Du Correcteur	22
Mouvements latéraux de l'appareil	23
Organisation des détails	25
§. IV. Corrections	26
Correction des portées	26
Correction de l'altitude	27
Réglage de l'appareil	29

	Pages
§. V. Discussion	31
Avantages	31
Inconvénients	31
Chapitre III. Autres instruments de Pointage, &...	34
§. VI. Hausse de côte (modèle Jacomy)	34
Description	34
Usage	37
Discussion	38
§. VII. Réglettes	39
Réglette simple à correcteur	39
—— de mâture à correcteur	41
—— d'altitude à correcteur	42
—— de correspondance des hausses et des évents	44
—— de direction	45
§. VIII. Objets divers	46
Tableaux indicateurs	46
Planchettes de tir	46
Feuillets signalétiques des Bâtiments	46
Chapitre IV.. Des méthodes de réglage	48
§. IX. Généralités	48
Principes d'ensemble	48
Réglage en direction	49
Corrections initiales	50
§. X. Conduite du tir	52
Pièces munies de l'appareil Déport (Batteries hautes)	52
Pièces munies de hausses avec Télémètres (Batteries hautes et B⁻ˢ)	53
—— d⁰ —— sans Télémètres (Batteries hautes et Basses)	54
Pièces de petits calibres faisant du tir fusant	56

Notes complémentaires.

	Pages
Note I.— Sur la répartition de la défense des côtes entre les services de la Guerre et de la Marine	57
Note II.— Sur les divers genres de Batteries au point de vue spécial de l'action de l'Artillerie	58
Note III.— Sur l'armement des Batteries de côtes	64
Note IV.— Sur les renseignements relatifs aux navires de guerre	66
Note V.— Sur les Torpilles automobiles Whitehead	72
Note VI.— Sur l'appareil Fiske	77
Note VII.— Sur le pointage à la butée de l'appareil Deport	80
Note VIII.— Sur l'emploi de l'appareil Deport comme Télémètre simple	81
Note IX.— Sur l'appareil Deport à altitude variable	82
Note X.— Sur quelques résultats obtenus dans le tir à la mer	85

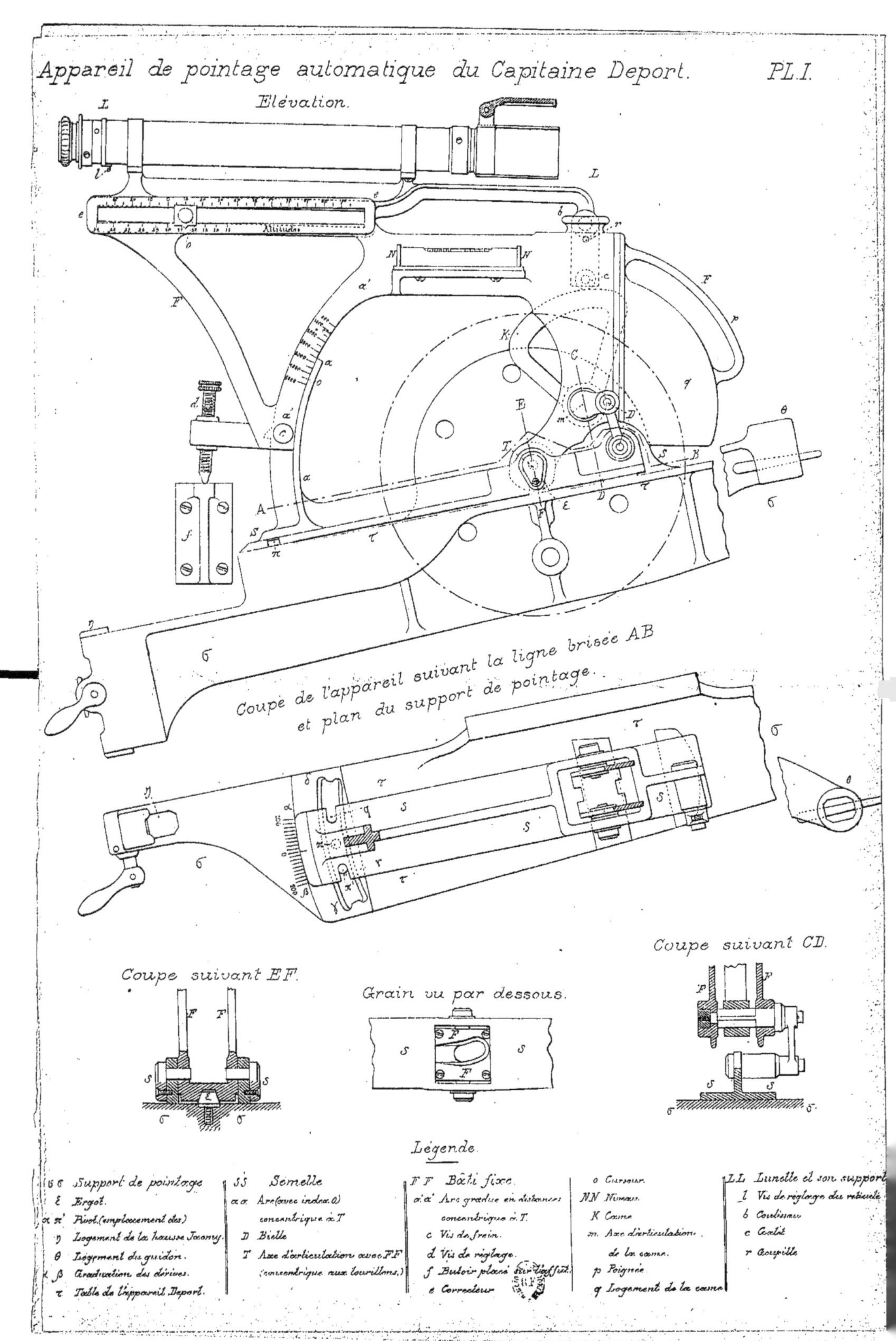

Appareil de pointage automatique du Capitaine Deport.
PL.I.
Elévation.
Coupe de l'appareil suivant la ligne brisée AB
et plan du support de pointage.
Coupe suivant EF.
Grain vu par dessous.
Coupe suivant CD.
Légende.
ς σ Support de pointage
ε Ergot.
α π' Pivot (emplacement des)
η Logement de la hausse Joanny.
θ Logement du guidon.
κ β Graduation des dérives.
τ Table de l'appareil Deport.
ς ς Semelle
α α Arc (avec index θ) concentrique à T
D Bielle
T Axe d'articulation avec FF (concentrique aux tourillons.)
F F Bâti fixe.
α' α' Arc gradue en distances concentrique à T.
c Vis de frein.
d Vis de réglage.
f Butoir placé sur le châssis.
e Correcteur
o Curseur.
N N Niveaux.
K Came.
m Axe d'articulation de la came.
p Poignée
q Logement de la came
L L Lunette et son support
l Vis de réglage du réticule
b Coulisseau
c Galet
r Goupille

Tir de Côte.

189

Séance du

Batterie d

Objectif :

Capitaine commandant M.

Ecole N°

Canons de

Genre de tir exécuté

Règles pour le calcul des Corrections.

Arrondir en multiple de 4 la correction du régime moyen, soit seule (Pièces pointées à la Hausse et tirant avec mesure de la distance) soit combinée avec la correction d'altitude (Pièces munies d'appareils Déport).

Vent

Longitudinal :

	faible	moyen	fort		Correction spéciale au cas du tir avec l'appareil Déport.
	0	+ 4	+ 8		
	0	− 4	− 8		

Transversal :

	faible	moyen	fort		Correction à faire dans tous les cas
	0	+ 4	+ 8		
	0	− 4	− 8		

But

Longitudinal :

	Pièces munies d'appareils Déport	Pièces pointées à la Hausse (1)
	+ 4	+ 8
	− 4	− 8

Transversal :

		Correction à faire dans tous les cas. (2)
	+ 8 →	
	− 8 ←	

Corrections initiales.

	Correcteur	dérive	Correcteur	dérive
Régime moyen .... Correction d'altitude ...				
Vent .... (Indiquer sa direction par une flèche par rapport à la direction initiale du tir.)				
But .... (Indiquer la direction de son mouvement par une flèche par rapport à la direction initiale du tir.)				
Total des Corrections ...				

(1) Cette correction se fait quand la distance est mesurée soit au moyen d'un instrument, soit à l'aide d'un tir auxiliaire ; elle ne se fait pas dans le tir des pièces de petit calibre (canons à tir rapide ou canons de campagne) — Dans le tir de circonstance, s'il y a des pièces qui doivent tirer un salve, le commandant de batterie ordonne cette correction pour ces pièces seules et seulement quand il a encadré le but dans une fourchette.

(2) Hormis celui du tir des pièces de petit calibre, si la vitesse transversale est inférieure à 6 nœuds.

Tir de circonstance. — Suivant que la vitesse longitudinale du but est nulle, faible, moyenne ou grande, la fourchette à obtenir est celle de 100ᵐ, 200ᵐ, 400ᵐ ou 600ᵐ. Le commandant de batterie procède normalement par bonds égaux à la fourchette, sauf dans le premier cas où le bond à adopter est celui de 200ᵐ. R.F.

(Verso.)

Le verso comprend une série de colonnes portant le N° des coups, les distances, le correcteur, le sens des écarts en portée en une colonne « Observations ».

9 782013 498951